成果を上げる
プレイングマネジャーは
「これ」をやらない

中尾隆一郎

フォレスト出版

はじめに　プレイングマネジャーを「無理ゲー」から救う方法

「プレイングマネジャー」を無理ゲーから助けたい。

本書はそんな思いから書いたものです。

なぜならば、1人で「プレイヤーの役割」と「マネジャーの役割」の2役を担っている「プレイングマネジャー」が、とんでもない状況に置かれていることを知ってしまったからです。

そして、誰かが本気でプレイングマネジャーを助ける方法を考えないと、あらゆる組織が破綻してしまうのではないかと危惧したからです。

このテーマを考え出したきっかけは、「生産性を高めるためにタイムマネジメントについてのワークショップをしてほしい」とある企業から依頼を受けたことでした。

そのワークショップの対象は「プレイングマネジャー」でした。当時の私が想定していたプレイングマネジャーは、管理職同等の階層（グレード）でありながら「プレイヤーの役割だけ」をしている人でした。しかし、現在のプレイングマネジャーは、プレイヤーの役割に加えて、マネジメントの役割もしている「1人2役の管理職」だというのです。

そこで現在のプレイングマネジャーについて調べてみることにしました。するど、プレイングマネジャーの大変な状況がわかってきました。

まず、マネジャー（管理職）のうち、何割の人がプレイングマネジャーなのか調べてみて驚いたのですが、実に9割のマネジャーがプレイングマネジャーだったのです。

そして、プレイングマネジャー自身はかなり頑張っているのに、1人で解決するのはほぼ無理ゲーな「構造」が存在します。「タイムマネジメント」といった小手先のテクニックだけではどうにもなりません。

私が把握した無理ゲーな「構造」とは、「6つの圧力」がプレイングマネジャーを押しつぶそうとしているという事実です。1つや2つでも大変な圧力ですが、それが6つもあるのです。

プレイングマネジャーを6つの圧力が押しつぶそうとしている

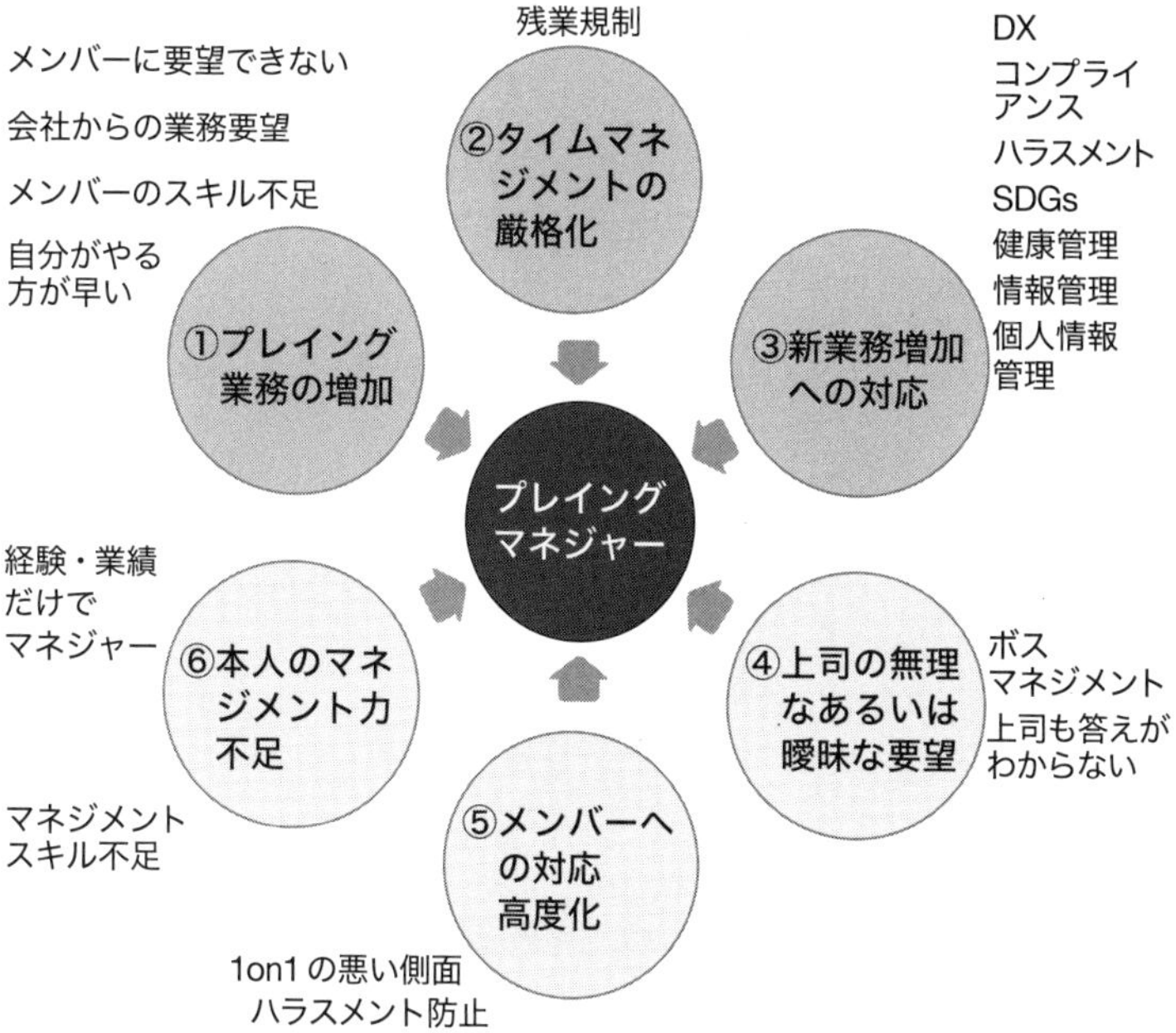

プレイングマネジャーの置かれている状況は、洒落にもならないものでした。
まず、プレイングマネジャーを取り巻く「6つの圧力」のポイントを説明しましょう。

①プレイング業務の増加

この圧力は、会社からの「何が何でも短期業績を達成してほしい」という要望がきっかけで起きることが多いです。短期業績を挙げるために、メンバーを育成している時間がありません。

その結果、プレイングマネジャー自身が「プレイヤーの役割」を増やさざるをえません。そのため、「マネジメントの役割」を行う時間がさらに減り、メンバーの育成ができず、自分自身の「プレイヤーの役割」を減らすことができない状況を生んでいます。

②タイムマネジメントの厳格化

プレイングマネジャーは、なんとかメンバーの育成をしようと「マネジメントの役割」をこなすために時間を作ろうとします。しかし、日中はプレイングの業務でいっぱいです。それなら残業や休日出勤で対応すればよいと考えます。かつてはこの方法を選択できました。しかし、昨今の「働き方改革」では、休日出勤や残業ができません。つまり、「マネジメントの役割」の時間を増やせないのです。

③新業務増加への対応

さらに、現在のマネジャーには、従来なかった新しい業務への対応が求められています。例えば、DX、コンプライアンス、各種ハラスメント、SDGs、健康管理、情報管理、個人情報管理への対応などです。つまり、「マネジメントの役割」で実施しないといけないことの量も増え、質も高まっているのです。

ここに対上司、対部下からの圧力が加わります。

④上司の無理あるいは曖昧な要望

⑤メンバーへの対応の高度化

変化が大きい現代では、上司も答えが分からないので、上司からみると部下にあたるプレイングマネジャーに丸投げしたりすることがあります。上述の①のきっかけになる「何が何でも短期業績を挙げてほしい」という要望などは、この最たるものです。

さらに、メンバーとのコミュニケーションでも神経を使う必要があります。一歩間違うとハラスメントだと大騒ぎになるかもしれません。従来とは比較できないほど丁寧なコミュニケーションが求められるのです。

この状況に拍車をかけるのが、次の圧力です。

⑥本人のマネジメント力不足

そもそも大半のプレイングマネジャーは、「マネジメントの役割」とは何なのか、学んだこともない人が少なくありません。マネジメントは「スキル」なので、習得すれば誰でもできるのですが、習得しないとできません。

しかし、大半のプレイングマネジャーは、過去に自分がされたマネジメントをベースにメンバーをマネジメントをしているだけだったりするのです。

この本を手に取ってくれたあなたがプレイングマネジャーであれば、あるいは周囲にプレイングマネジャーがいる方であれば、思い当たるところがたくさんあるのではないでしょうか？

そうなのです。明らかに以前のマネジャーと比較しても、難易度が比較できないくらい増しているのです。

ただし、「プレイングマネジャーは大変だ」と言って、この状況をこのまま放置していても何も解決しません。プレイングマネジャーは大変なままです。

何とか解決策を見出せないか？

そこで考えてみました。

「こうしたプレイングマネジャーの無理ゲーな状況を変えるために、一緒に知恵を出しあってくれる人はいませんか？」

このようにＳＮＳを通じて募ってみました。

すると、様々な業界で異なる経験を持った１００名を超える方々が協力してくれまし

無理ゲーを解決するためのアプローチ

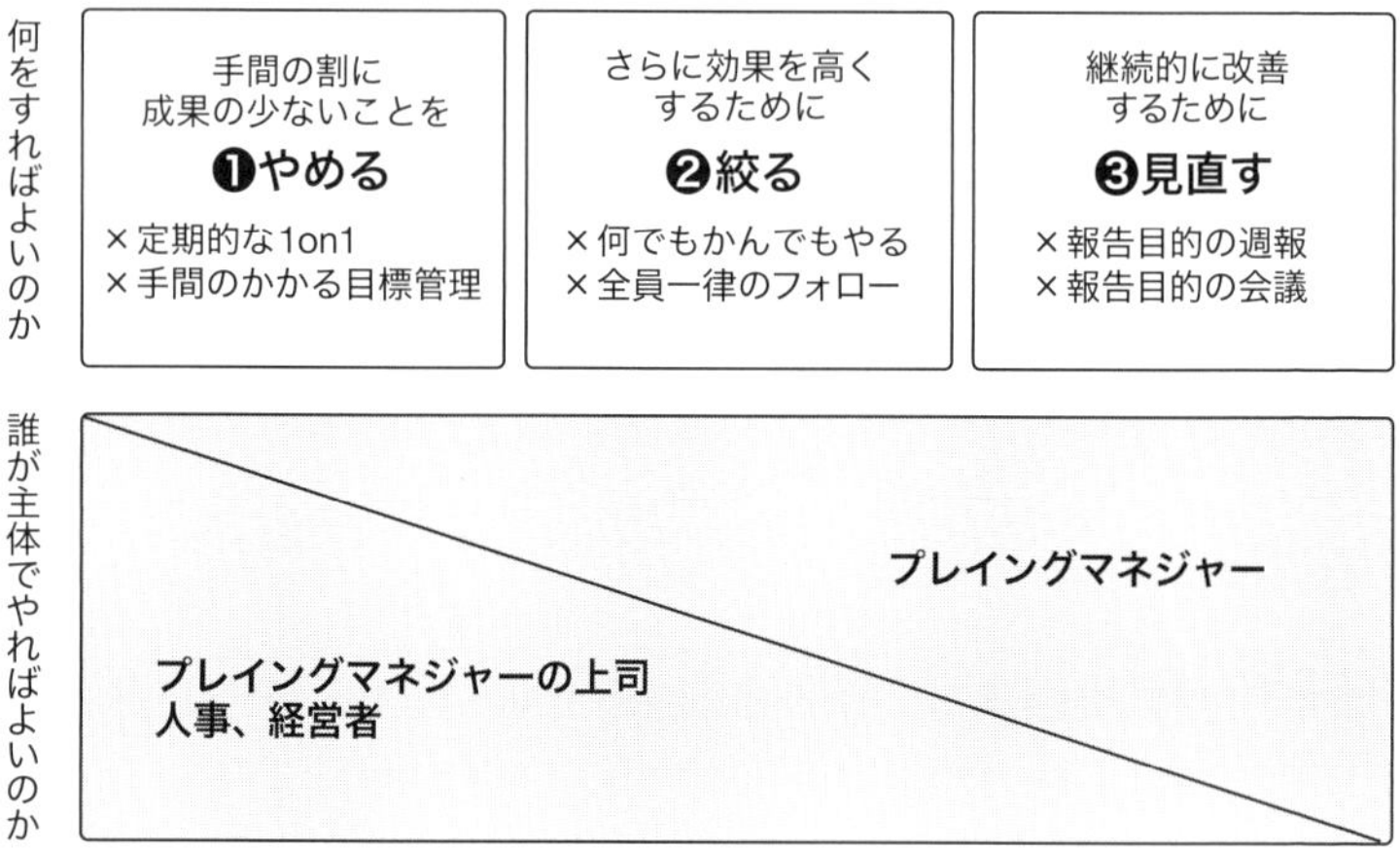
何をすればよいのか
手間の割に
成果の少ないことを
❶やめる
×定期的な1on1
×手間のかかる目標管理
さらに効果を高く
するために
❷絞る
×何でもかんでもやる
×全員一律のフォロー
継続的に改善
するために
❸見直す
×報告目的の週報
×報告目的の会議
誰が主体でやればよいのか
プレイングマネジャー
プレイングマネジャーの上司
人事、経営者

た。それも実に半年間以上のディスカッションに付き合ってくれたのです。

　このディスカッションを通じて、「こうすればプレイングマネジャーが無理ゲーから脱出できるのではないか」という方法を考え出せました。

　最後の「おわりに」に詳しく書きましたが、100人を超える様々な立場の方々が私の問題提起に興味を持ってくれたおかげで、この本に書いた内容は彼ら100人の方々との共作、いわば集合知になりました。

ポイントは時間を生み出すことです。

　時間さえ生み出せば、「マネジメントの役割」に時間を割くことができます。さらには「マネジメントの役割」を実行するためのスキルを習得することもできるようになります。

みんなの叡智を集めて、プレイングマネジャーが、新たに時間を生み出すために「何をすればよいのか」。そして、それを「誰が主体でやればよいのか」という分かりやすい形でまとめることができました。

まず、「何をすればよいのか」については、**「❶やめる」「❷絞る」「❸見直す」**の3つで整理できました。

そのためには、**私たちが当たり前にやっている常識**を疑う必要があります。

◎私たちが当たり前にやっていることを❶『やめる』
◎私たちが当たり前にやっていることを❷『絞る』
◎私たちが当たり前にやっていることを❸『見直す』

「やめる」「絞る」「見直す」は、改善をするならば、一見当たり前のように思えるキーワードだと思うかもしれません。しかし、本書では、これらの概念をプレイングマネジャーの視点から具体的に掘り下げ、独自のノウハウを提示しています。

この本は、次のような人に読んで欲しいと思っています。

当事者である管理職の9割にのぼるプレイングマネジャー、それに加えてプレイングマネジャーの上司や人事、そして経営者です。経営者が変えることを決めれば、組織は変わるからです。

そしてできれば、関係者全員で一緒に読んでほしいと思います。どの内容も、100人の叡智を結集して、具体的かつ実践できるレベルでまとめています。

この本の内容が、プレイングマネジャーを無理ゲーから脱出させ、あなたの組織の業績向上の一助になれば嬉しいです。そして、読者の皆さんと一緒にバージョンアップできればさらに嬉しいです。

2024年12月

中尾隆一郎

『成果を上げるプレイングマネジャーは「これ」をやらない』 目次

序章

プレイングマネジャーを苦しませる6つの圧力

第1章

プレイングマネジャーの実態

第2章

無理ゲーの解決を考える際の3つのポイント

第3章

プレイングマネジャーが「やめる」べき仕事とは？

第4章 プレイングマネジャーの仕事を「絞る」

第5章 プレイングマネジャーの仕事を「見直す」

第6章 プレイングマネジャーを組織が「支援」する

ブックデザイン　小口翔平＋後藤司＋稲吉宏紀（tobufune）
図版制作　二神さやか
DTP　キャップス
校正　広瀬泉

序章

プレイングマネジャーを苦しませる6つの圧力

そもそも「マネジャー」がマネジメントすると業績が上がるのか？

「はじめに」の最後に「プレイングマネジャーを無理ゲーから脱出させ、あなたの組織の業績向上の一助になれば嬉しいです」と書きました。

これは、プレイングマネジャーが（正しい）チームマネジメントをすると業績が上がると信じられているからです。

一方、私は同じく「はじめに」で「常識を疑う」とも書きました。

そこでまず、「プレイングマネジャーが（正しい）チームマネジメントをすると業績が上がる」という「常識」は本当なのか、それはどのような理屈なのか……ということから確認します。

ここが間違っていたら、業績向上は実現しないからです。

その際に参考になる話が2つあります。

1つが、グーグルの「プロジェクト・アリストテレス」、もう1つが「成功循環モデル」です。1つずつポイントを確認していきましょう。

「プロジェクト・アリストテレス」が明らかにした「心理的安全性」の重要性

2012年、グーグルは、「完璧《かんぺき》なチームを作るには、どうすればよいか」という研究**「プロジェクト・アリストテレス」**を行いました。

それまでのグーグルは、「最高の人材を集めれば最高のチームができる」という方針でした。その方針に則《のっと》り、世界中で最高の人材を採用しました。

ところが、最高の人材を集めても、チームごとの生産性には大きな差が出たのです。そこでグーグルは「最高の人材を集めれば最高のチームができる」という方針に疑問を感じ、この研究に取り組んだのです。

結論からいうと、チームの生産性を高くするのは、チームの「心理的安全性の高さ」だということがわかりました。「心理的安全性」とは、各人が「このチームなら、自分が思ったことを自由に発言しても大丈夫だ」と思えるかどうかということです。

「心理的安全性」という言葉は、1999年にハーバード・ビジネス・スクールのエイミー・C・エドモンソン教授が提唱した概念です。日本では、ハーバード大学教育学大学院のロバート・キーガン教授の『なぜ弱さを見せあえる組織が強いのか』（英治出版）で有名になりました。

だから「心理的安全性」という言葉を知っている人は多いと思います。

一方で「心理的安全性」は誤解されている言葉でもあります。それは単に「弱音を吐いてもいい」という誤解です。「できない」と泣き言を言ったり、仕事を投げ出しても構わないと誤解されていたりすることがあります。

つまり、メンバーを甘やかすことだと誤解している人がいるのです。

これらは、もちろん間違いです。

高い業績を達成したい場合の「心理的安全性」とは、相手を理解したうえでコミュニケーションができることだと言っているのです。

キーガン教授の主張もプロジェクト・アリストテレスも、最高のチームを作ることが目的です。つまり、高い業績を達成したい場合には「心理的安全性」が重要ということなのです。

この前提をまずは押さえておく必要があります。

社員は「自分の無能」をごまかすために4割の時間を費やしている

キーガン教授の研究によると、**人は、会社で自分の無能をごまかすために実に4割の時間を費やしている**と言います。例えば、「そのミッションは（本当は必要だったとしても）不要である」という説明のために、あるいは「それができないのは仕方がない」という言い訳をするために、4割もの時間を使っているのです。

週に5日働くとすると、4割は約2日間に相当します。週に2日間も無能をごまかすために働いているのです。当然この時間は、成果や生産性向上には関係ありません。

ここまでひどくなくても、例えば何に使われているのかわからない社内向けの資料を作ったり、何のアジェンダも設定せず、記録も残さない定期的な1on1（1対1で話をする場）の時間など、生産性に関係がない時間がたくさんあるのではないでしょうか？

そうした4割のごまかしの時間をなくして、「これ、私は不得意なので手伝ってください。その代わりに、私は得意なこれをやります」と自分の弱さを見せ、相互にサポートできるようにすればよいというのがキーガン教授の示唆です。

そして、４割のごまかしの時間を本来の仕事の時間に変えることができれば、10割すべての時間を成果のために使えるようになります。

これができれば、10割÷６割＝１・５倍以上の仕事ができるようになるという計算です。

つまり、率直なコミュニケーションができる「心理的安全性」が高いチームを作ることは、チームの生産性を高めるための必須《ひっす》条件なのです。

では、どうしたらグループの心理的安全性を高められるのか？

この具体的な方法までは知らない人が多いのではないでしょうか。

「プロジェクト・アリストテレス」の研究の結果によると、優れたチームには２つの点が共通していました。

【優れたチーム（心理的安全性：高→生産性：高）に共通している２つのポイント】

①各チームメンバーがだいたい「同じ分量の発言」をする

②人の気持ちに対するメンバー同士の「共感力が高い」

これら2つの特徴を備えたチームは、どんな問題にも高い解決能力を示しました。逆にこの2点を満たさないチームは個々人がどんなに有能でも、チームとしてよい結果を出せないのです。

みなさんの組織はどうでしょうか？

特定の人（だけ）が会議で発言していないでしょうか？

共感ではなく、否定のコミュニケーションが多いのではないでしょうか？

つまり、プレイングマネジャーが組織の生産性を上げるためには、自チームで、この2つを実現すればよいということになります。そのための具体的な解決策を提示します。

①「同じ分量の発言」は、会議などでの発言量を同じにすることで実現できます。

②「共感力が高い」は、例えば、会議の冒頭に「24時間以内にあった感謝」をシェアすることで実現できます。

両方とも知っていれば簡単なのですが、案外知らない人が多いのが現状です。

重要なマネジメントの役割とは、この2つを実現することから始まります。

――ダニエル・キムの「成功循環モデル」

次に「心理的安全性」が高いチームを作ると、なぜ成果が出るのか。

そのメカニズムを確認しておきましょう。

メカニズムの解明には、マサチューセッツ工科大学元教授のダニエル・キムが提唱した**「成功循環モデル」**が参考になります。

「成功循環モデル」によると、最終的に「結果の質」を高めて成果を上げるには、その前に3つのステップがあるといいます。

ステップ1　まずチームの**「関係の質」**を高める
↓

ステップ2　すると、その次にチームの**「思考の質」**が高まる
　　↓
ステップ3　続いてチームの**「行動の質」**が高まる
　　↓
ステップ4　最終的に**「結果の質」**が高まる

最初の「関係の質」とは、リーダーとメンバー、メンバー同士の関係性が良好ということです。つまり、率直に意見交換できる状態といえます。これこそが前述した「心理的安全性」が高いチームです。

「関係の質」が向上し、「自分が思ったことを発言しても大丈夫だ」という関係性ができると、「相談・対話・気づき・アイデア・主体的思考」が促されて「思考の質」が向上し、さらにチーム内での「チャレンジや助け合い」が生まれることで「行動の質」が向上します。そして、最終的に「結果の質」が向上し、成果が上がるという好循環が生まれるのです。

それとは逆に悪循環を生んでしまうメカニズムについても確認しておきましょう。

ダニエル・キムの成功循環モデル

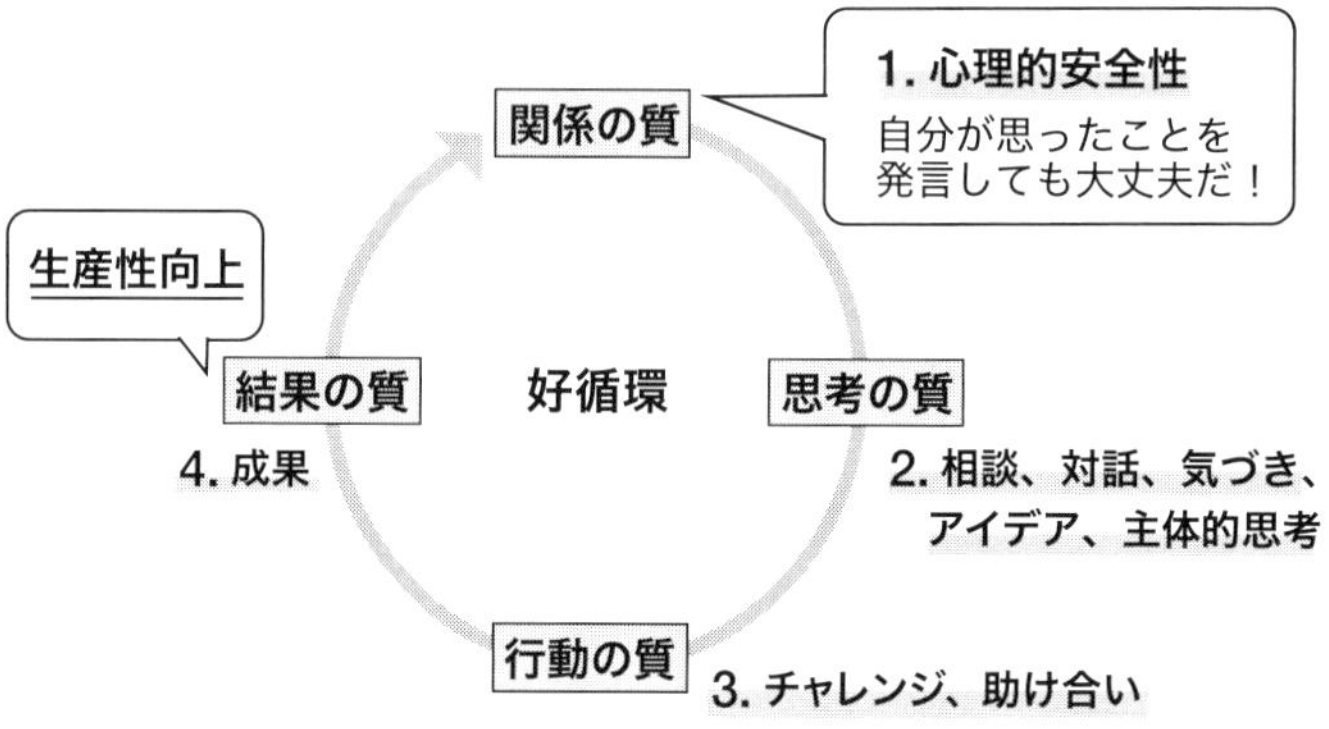

「関係の質」が悪く、かつ成果が上がっていない場面で、さらに悪循環を生むケースです。ついつい短期に成果を求めたいので「関係の質」が悪い点には目をつむり、無理やり「結果の質」だけを向上させようとします。

具体的には、リーダーは「押し付け・責任転嫁・高圧的な指示」などの行動を取り、メンバーの行動を促進しようとします。その結果、ただでさえ悪い「関係の質」がさらに低下します。

チームは「安心・安全な場所」ではないので、「受け身・ひとごと・失敗回避」といった「思考の質」の低下を生みます。そして、さらに「消極的・最低限の仕事」という「行動の質」の低下を招きます。

「関係の質」の改善を実施しないと、最終的には成果が上がらない……という悪循環を生むことになるのです。


プロジェクト・アリストテレスと成功循環モデルで、「関係の質を高める」≒「心理的安全性が高い」チームを作ることが重要であることが理解できたのではないでしょうか？


ところが、現在の管理職は、悲惨な状態です。

6つの圧力が管理職に無理ゲーを強いているからです。

この6つの圧力が、成果を上げるための成功循環モデルを実現するのを困難にしています。

プレイングマネジャーは6つの圧力で無理ゲーを強いられている

プレイングマネジャーにかけられている6つの圧力が、それぞれどのような圧力なのか見ていきましょう。

❶プレイング業務の増加
❷タイムマネジメントの厳格化
❸新業務増加への対応
❹上司の無理あるいは曖昧《あいまい》な要望
❺メンバーへの対応の高度化
❻本人のマネジメント力不足

プレイングマネジャーを6つの圧力が押しつぶそうとしている

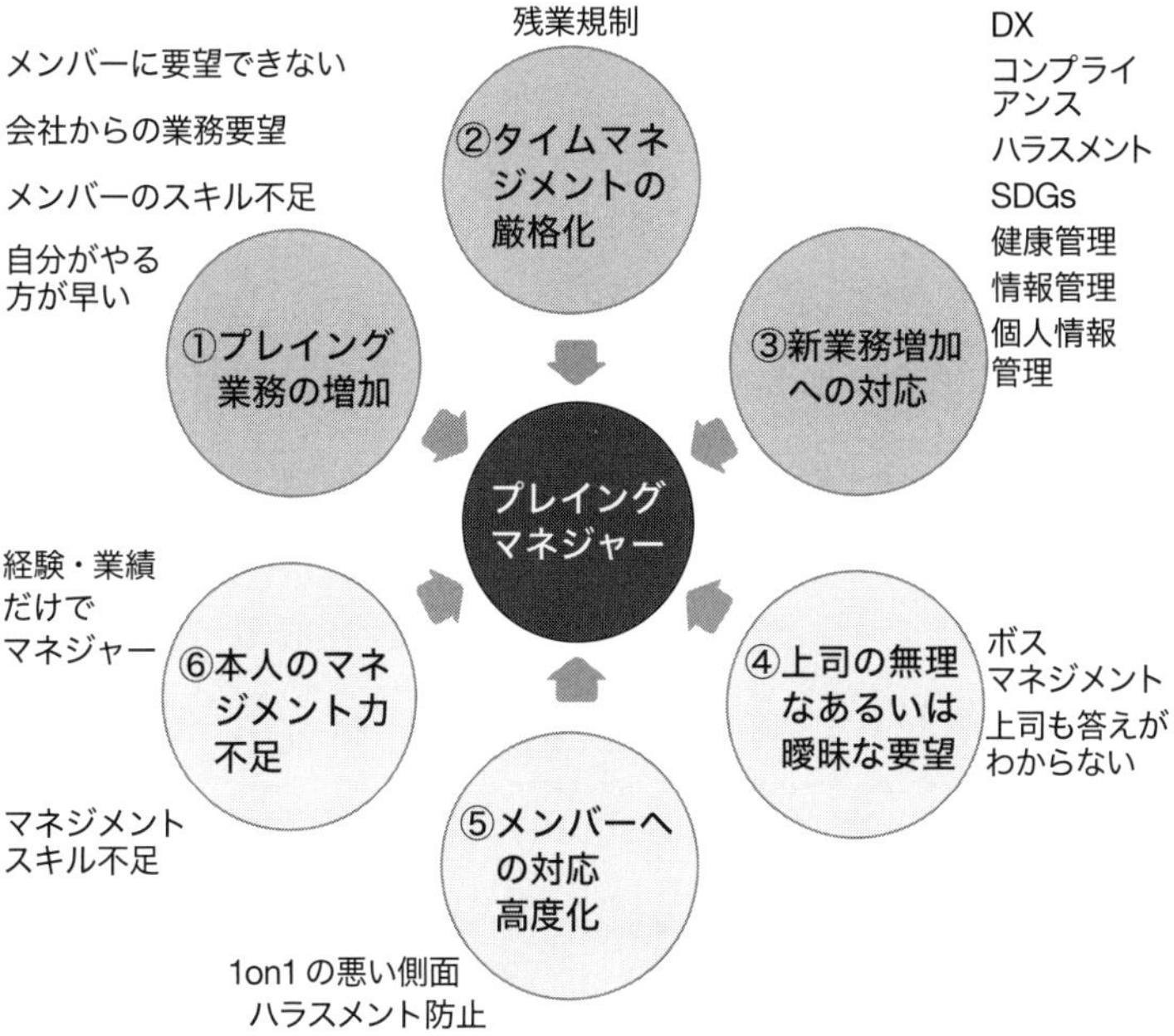

プレイングマネジャーにかかる圧力❶
プレイング業務の増加

「はじめに」で、管理職の9割前後が自らプレイヤーの役割を担っているプレイングマネジャーだという話をしました。なぜこのように高い割合の管理職がプレイヤーの役割をしているのでしょうか。

それには、いくつかの理由が複合的に絡み合っています。

まずは**採用難**から説明します。

求人倍率が高止まりし、人材採用は困難を極めています。求人活動を行っても採用ができないのです。しかも、単純に人数が採用できないという量的な問題だけではなく、採用できたとしても、その仕事に合致しているのかという質の問題もあります。

つまり、「量的」にも「質的」にも採用が難しい状況が続いています。

ここでいう「質」とは、転職市場に優秀な人材がいないという意味ではありません。

「優秀な人材」とは、「即戦力になる人材」です。つまり、採用したらすぐに戦力になる人材を採用したいという話です。

ところが、日本では、この即戦力採用は構造的に難しいのです。わざわざ「日本では」と書いたのは理由があります。日本では、同じ業界の同じ職種であったとしても、会社ごとに仕事の進め方が異なります。したがって、本来能力があった人（つまり優秀な人材）を採用したとしても、その会社の仕事の進め方に合わせて能力を発揮するまでに時間がかかるのです。

かつて、ある大手流通業が地元スーパーを吸収合併しました。しかし1年もすると地元スーパーの幹部の大半は離職してしまいました。その理由を大手流通業の人事担当役員に伺ったところ、次のように回答しました。

「辞めた方の一部は優秀でした。しかし、業務システム、社内決済システムなどがまったく異なるので、能力を発揮することができませんでした。業績達成圧力も高く、新しいやり方になじめなかったのです」

つまり、同業・同職種からであっても、即戦力の採用はかなり困難なのです。

日本企業では、業績を挙げていたメンバーが、その結果を評価されて、同じ部署で管理職に昇進しているケースが大半です。その場合、昇進した人がマネジメント業務に専念しようとしても、上述のように採用難のため、自分の仕事を担当してくれるメンバーが（量的に、あるいは質的に）補填《ほてん》されていません。

つまり、昇進した人がプレイヤーとして優秀であればあるほど、自分自身が抜けた場所に大きな穴が空いてしまいます。その穴を埋めるには、既存メンバーでは心もとない。さらに会社からの目標達成圧力も加わると、プレイヤーの役割をやめることができないという事態を招きます。

その結果、昇進した管理職がプレイヤーの役割を持ち続けざるをえないのです。

これは、配下のメンバーが退職したり、異動した場合でも同様です。抜けた穴を埋められないので、管理職がその仕事を担わざるをえません。

――居心地のいい「コンフォート・ゾーン」という魔物

一方、業績を評価されて、メンバーから昇進したプレイングマネジャーの側にも問題があります。

それは**「コンフォート・ゾーン」**です。そもそも人はコンフォート・ゾーン（居心地のいい領域）から出たくないという習性があります。もともとやっていたプレイヤーの役割は、いわばコンフォート・ゾーンです。やり方もわかっているので結果も出しやすい。

一方のマネジメント業務は、ラーニング・ゾーン（新たな学びが必要な領域）です。日本企業では、年齢を重ねるごとに学ぶ人の割合が減っていきます。新たに何かを学んでいる人が周囲に少ないのが実情です。

さらに日本企業では、「学びの機会は会社が提供してくれるものだ」と思っている人が大半です。自ら学ぶ人は限られているのです。周囲を見渡しても自ら学んでいる人が少ないため、そうした風潮に流されがちです。

つまり、居心地がいいコンフォート・ゾーンからわざわざ出なくてもいい理由がたくさんあるのです。

①会社からの目標達成圧力
②採用難で自分の穴を埋めることができない
③今までやっていた仕事の居心地よさ

これらに加えて、チームに対してのマネジャーの役割を強化しようと思っても、新たにスキル習得のための学びの時間をついつい後回しにしてしまいがちです。その結果「プレイヤーとして結果を出そう」と思いがちなのです。

短期間は、プレイヤーの役割をしながら目標達成できるかもしれません。しかし、自分1人で業績を挙げ続けることはできません。マネジメントを学び、それを活用し、チーム力を高める必要があります。

しかし、人事・上司・経営者も、補完する人材を採用できていない負い目があるので、忙しそうにしているプレイングマネジャーたちにマネジメントを学んでチーム力を高めるように要望できません。

次章以降で詳しく説明しますが、プレイングマネジャーがチームの業績を向上させるには、ポイントが2つあります。1つは、7〜8割の時間を「マネジメントの役割」に使うこと。もう1つは、「プレイヤーの役割」として使う2〜3割の時間を管理職レベルの人でないとできない業務に充てることです。

プレイングマネジャーだけではなく、経営、上司の上司、人事が知恵を絞って、どうすれば20〜30％の時間をレベルの高いプレイヤーの役割を担ってもらい、残り70〜80％の時間をマネジャーの役割に使えるようにできるのかを考える必要があるのです。

そうしないと、ますますチーム成果を上げるために必要なマネジャーの役割をする時間が減少し、成果が出ない未来が待っています。

まず、プレイヤーの役割の「量」と「中身」を悪化させる圧力に打ち勝つ必要があるのです。

プレイングマネジャーにかかる圧力❷
タイムマネジメントの厳格化

昔話をしても仕方がないのですが、今ほど労働時間管理（タイムマネジメント）が厳格でなかった時代には、仕事量が多くて、時間が足りなくても、残業や休日出勤をすることで、時間不足を補うことができました。

しかし、現在では、残業や休日出勤といった選択肢を選ぶことはできません。２０２４年には建設業や運送業でも三六協定（労働時間の規制）の遵守が始まりました。

そもそも残業や休日出勤の規制は、労働者の健康という観点では、ぜひとも推進すべきテーマです。つまり、この**タイムマネジメントの厳格化は不可逆**であり、後戻りできないのです。

ちなみに労働時間について話をすると、たまに「長時間労働も必要」という人がいます。特に若いうちは長く働くことで、学べることが多いという話です。

私もそう考えていた時代があったので、総論としては理解できるのですが、日本企業の長労働時間は、パートナーや家族の犠牲のもとに成立していた「いびつな長時間労働」だったというのをご存じでしょうか。

家庭にしわ寄せを生んでいた男性社員の労働時間の長さ

日本の男性社員の長い労働時間は、パートナーの犠牲のもとに成立していたという事実があります。労働時間の日米比較でわかりやすいデータがあったので紹介しましょう。

日本企業で就業する男性社員は、アメリカ企業で働く男性と比較すると、次のことが明らかとなりました。

◎アメリカの男性より日本の男性のほうが労働時間が長く、家事労働時間が短い
◎アメリカの女性より日本の女性の家事労働時間は長く、睡眠時間が短い

つまり、長い労働時間のしわ寄せをパートナーが被《かぶ》っていたのです。

日本企業の男性の長時間労働は、男性の家事労働の短さと、その反作用として女性の家事労働の長さと睡眠時間の短さで何とかつじつまを合わせていました。若いうちは長時間労働も必要だという方は、このような状況を目指したいのでしょうか?

そう考えると、労働時間を厳格にマネジメントするのは当然の方向であり、おそらく今後は不可逆でしょう。

したがって、プレイングマネジャーのマネジメント時間の不足を残業と休日出勤で補うのは不可能です。「残業と休日出勤でつじつまを合わせた」という昭和世代の武勇伝を現在のプレイングマネジャーに要望するのは無理です。

つまり、現代のプレイングマネジャーは、限られた時間で成果を出さなければなりません。

プレイングマネジャーにかかる圧力❸
新業務増加への対応

3つめは**「新たな業務増加への対応」**という圧力です。プレイヤーとしての役割を担う時間が増え、労働時間の上限に規制がかかったうえに、さらに「新業務への対応」も必要になっているため、ますますマネジャーとしての役割に使える時間が減ってしまいます。

新たな業務には、DX、コンプライアンス、SDGs（持続可能な開発目標）、健康管理、情報管理、個人情報保護といった幅広い分野が含まれます。例えば、生成AIをどのように業務に取り入れるのか、マルウェアなどのサイバーセキュリティ対策をどう強化するか。パワハラ、セクハラ、マタハラといった職場のハラスメント対策に加えて、カスタマーハラスメント（カスハラ）への対応も必要になってきています。

コンプライアンス強化の流れも不可逆

コンプライアンスは一般的に「法令遵守」と訳されますが、実際の業務では、「白でもなく、黒でもないグレーゾーンをどう考えるか」「取引先からの要望にどのように応えるのか」など、さまざまな問題に対して対処する必要があります。

例えば、自動車部品メーカーが下請け会社に、本来は自社で保管すべき「金型」を長期間保管するよう要望したり、親会社が生産性向上のために下請け会社に厳しい納期を強いるケースがあります。

また、大手コンビニがプライベートブランドのために下請けに新しい生産ラインを整備させたものの、売れ行き不振でそのラインを使わない……というケースも。

これらの事例には法令違反もあれば、明確な違反ではないグレーゾーンも存在します。法律を守っていればよいというものではなく、倫理的な判断も必要です。

特に大手企業では、ＳＤＧｓへの対応も必要です。従来なら、直接の取引先が法を遵守しているか確認するだけで十分でしたが、現在では、大手企業であれば取引先の末端まで、違法労働、児童労働などがないか自らチェックしなければなりません。

社内に目を向けると、従業員の労働時間管理に加えて、健康促進のためにどこまで踏み込むのかというのも新たなイシューです。

個人情報の管理に関しても、新しい規制やルールへの対応が求められ、それをプレイングマネジャーが管理する責任が求められています。

これらへの対応が重要なのはその通りなのですが、限られた時間を圧迫するので、ますますチームの成果を上げるために必要なマネジャーの役割を行う時間が減少していきます。

さらに人絡みの3つの圧力がプレイングマネジャーを圧迫します。具体的には、❹上司、❺メンバー、そして❻プレイングマネジャー本人です。順に見ていきましょう。

プレイングマネジャーにかかる圧力④
上司の無理あるいは曖昧な要望

達成できそうにない高い目標設定、あるいは「曖昧《あいまい》で何を求められているのかわかりにくいミッションを与えられている」と感じているプレイングマネジャーが少なくありません。

自分自身が理解・納得できない目標やミッション設定なので、それをメンバーに伝えても、当然ですが理解してもらえません。その結果、上司と部下との間に挟まれて、中間管理職の悲哀にさいなまれているプレイングマネジャーがたくさんいるのです。

本来、中間管理職であるプレイングマネジャーは、部下であるメンバーへのマネジメントに加えて、上司へのマネジメント、いわゆる**「ボスマネジメント」**が求められます。

ボスマネジメントに求められる「統合性」と「上動性」

ボスマネジメントには2つの側面があります。

「統合性」と**「上動性」**です。

「統合性」は、「上司の考え」と「職場の状況」の2つを統合して、具体的な実効策を考えるマネジメントスキルです。

具体的には、上司の補佐役として、上司の曖昧で無理なミッションや目標設定の背景や考え方を理解することが求められます。そしてこのままであれば目標が達成できないのであれば、上司にチームの情報を正確に伝えて、何らかの手を打たないとまずいことを理解させるスキルです。

そしてもう1つの「上動性」は、文字通り上司を動かす力です。自らの意思や考えをボスにぶつけ、ボスを揺り動かしていくスキルです。

つまり、「統合性」で上司と現場の接点を作り、必要であれば「上動性」で上司を動かす。これこそがボスマネジメントなのです。

しかし、マネジメントについて学んでいない多くのプレイングマネジャーは、ボスマネジメントを知りません。

それどころか、上司から無理な目標や曖昧なミッションを与えられても、何も文句を言わずに実行することが中間管理職としてのプレイングマネジャーの仕事だと思い込んでいたりするのです。

結果として、そのしわ寄せが自分自身、そしてメンバーへの無理な目標設定となってしまいます。その行為がメンバーのモチベーションを低下させ、結果として、チームの関係の質を低下させ、成果が上がらなくなっていくのです。

プレイングマネジャーにかかる圧力❺
メンバーへの対応の高度化

他方、メンバーのマネジメントが年々難しくなっています。特に昨今は、メンバーからパワハラやセクハラを指摘されるのが怖くて、メンバーに要望ができなくなっている中間管理職が増えています。

しかし、メンバーにきちんと要望をしなければ、メンバーは成長する機会を失います。その結果、メンバーが成長した実感を持てずに、職場から離脱してしまうケースすら出ているのです。

――「ゆるい職場」が危ない

ここ数年、大卒の新人の退職について大きな変化が起きています。

過去の数十年間の傾向として、大卒新人は入社3年で3割が退職します。この3割という数字は、景況感により若干の変動はありますが、長期間にわたってほぼ3割前後で推移してきました。

企業規模別で比較すると、大企業の離職率は3割よりも低く、中小企業では3割を超えていました。これはわかりやすいですよね。大企業に入社した人はそのまま長く働き、中小企業だと辞めてしまう人が多いという現象です。

ところが、ここ数年で様子が変わってきました。大企業の離職率もほぼ3割まで上昇しているのです。これは、上司がパワハラを恐れてメンバーに要望できなくなり始めているタイミングと合致しています。

いったい何が起こっているのでしょうか？

上司はメンバーに要望しない。メンバーは要望されないので成長できない。

つまり、いわゆる**「ゆるい職場」**になっているのです。本来であれば働きやすいはずの「ゆるい職場」の大企業に就職した新人が、どうして離職するのでしょうか。

次のようなシーンが想定されます。

「ゆるい職場」の大企業に就職した新入社員Aさんが、スタートアップに就職した友人Bさんと久しぶりに食事をしています。

Bさんが「上司からいろいろ要望されてバリバリ仕事してる」と目をキラキラさせながら話しています。一方のAさんが自分はと考えると、アシスタント的な半人前の仕事しかしていないという事実を突きつけられます。

自分に要望してくれるような上司はいないし、このままだと、自分は成長できないかもしれない……と焦りだす。そして転職を考え始める——。

自ら成長したいと考える新入社員は、上司に要望されないことで焦りを感じて転職を考え始めます。そして、「ゆるい職場」に危機感も持たずに居続ける、成長しない「ゆるい新人」だけが企業に残る結果となります。

プレイングマネジャーは、今や求められる役割が複雑です。要望をしすぎると「パワハラ」と批判され、逆に要望が少なすぎると「ゆるい職場」と見なされ、メンバーが不満を抱いて転職を考え始めることにもなります。このバランスを取るため、プレイングマネジャーには高度なコミュニケーションスキルが必要です。

そして前述したように、メンバーが離職したとしても、現在の高求人倍率の状況では、簡単に採用はできません。それに伴い、プレイングマネジャー自身が業務を補う必要が出てしまい、プレイング業務の割合が増え、悪循環になってしまうのです。

プレイングマネジャーにかかる圧力❻
本人のマネジメント力不足

最後は、プレイングマネジャー自身にマネジメントスキルが不足しているという話です。改めて言うまでもなく、プレイングマネジャーには次の2つの役割があります。

①プレイヤーとして個人で成果を上げる
②マネジャーとしてチームで成果を上げる

これまで述べたように、プレイングマネジャーは❶～❺の圧力に晒《さら》されています。これらに対応できるマネジメントスキルがあれば、まだ、これら❶～❺の圧力を少しでも和らげることができます。ところが、マネジメントスキルをほとんど持っていないのに管理職になってしまうケースが散見されます。

ちなみにマネジメントはスキルです。スキルなので学べば習得できますが、学ばなければできるようにはなりません。

ところが、日本のビジネスパーソンは、年を重ねるごとに学ぶ機会が減っていきます。これは個人の問題でもありますが、組織、つまり会社の仕組みにも問題がある場合があります。

それは、**マネジメント力を保有していない人を管理職にしてしまう「昇進・昇格制度」**です。

みなさんの会社ではどのような人が管理職に登用されているでしょうか？

「個人」つまり「プレイヤー」として成果を出した人ではないでしょうか？

もし、そうならば、この昇進制度・仕組みには問題があります。

例えば、Aさんが個人業績を挙げたので、その褒賞としてAさんを管理職にするというケースを考えてみます。先ほど触れたように、プレイングマネジャーには2つの役割があります。1つは「①プレイヤーとして業績を挙げる」。Aさんはこれを満たしています。しかし、もう1つの「②チームで業績を挙げる」についてはどうでしょうか？

Aさんのこのスキルに関しては未知数です。

当たり前のことなのですが、個人で成果を出すスキルとチームで成果を出すスキル（＝マネジメント力）はまったく異なります。前述したように、マネジメントはスキルです。


スキルなので習得できますが、学ばなければできません。

例えば、課長のような中間管理職、つまり直接メンバーをマネジメントするスキルは大別すると次の2つです。

①人絡みのスキル＝People Empowerment（PE）
②チームで仕事を進めるスキル＝Project Management（PM）

Aさんが成果を出しているのはPE、つまり人絡みのスキルであると想像できます。関係者も多かった可能性があるので、PMつまりチームで仕事を進めるスキルもあるように想像できます。

そうであれば、AさんはPEとPM両方のスキルを保有しているので、何の問題もないはずです。ところが、Aさんがメンバー時代に、これらのスキルを保有していないにもかかわらずに成果が出るケースがあるのです。

それは、**周囲のメンバーが補完してくれている場合**です。

恥ずかしながら、リクルート時代の私（中尾）は、まさにそんなAさんでした。

当時、私は企業の採用を支援する営業でした。幸い好業績を挙げることができ、課長に昇進しました。しかし、私のメンバー時代の好業績は、周囲の同僚が私の不足しているスキルをフォローしてくれていたおかげだったのです。

2つのマネジメントスキルを持っていない私が課長になって担当したチーム業績は、どんどん悪化していきました。組織内の関係の質もどんどん悪くなっていきます。しかし、私にはこれを改善するマネジメントスキルがありません。なすすべもありませんでした。

私はプレイヤーに戻り、再度イチからマネジメントを習得することをしたのです。

6つの圧力にプレイングマネジャーだけで対抗するのは無理ゲー

この章では、まずグーグル社のプロジェクト・アリストテレスの研究より、チームで成果を上げるには「心理的安全性」を高める必要があること。そして、「心理的安全性」が高いチームの共通点として――

①だいたいメンバーの話す量が同じ
②メンバー相互の共感性が高い

――を確認しました。

そしてダニエル・キムの「成功循環モデル」から、この「心理的安全性」が高い組織＝関係の質が高い組織は「思考の質」→「行動の質」を高めることができ、そして「結果の質」が高くなる、つまり成果が出るというメカニズムを確認しました。

チーム業績を挙げるために管理職がまず始めるべきことは、上記①②を実現することです。

ところが現在の管理職は、実に9割がプレイングマネジャーです。つまり、自分自身でプレイヤーの役割をしながら、マネジャーの役割をする状況になっています。

しかも、6つの圧力に押しつぶされそうになっているのです。

分類すると、外的要因として――

①プレイング業務の増加圧力
②タイムマネジメントの厳格化圧力
③新業務への対応圧力

――があり、その結果、チーム業績を挙げるためのマネジャーの役割をする時間が減少しています。

この3つの外部要因に加えて、内部要因として――

④上司の無理・曖昧な要望圧力
⑤メンバーへの対応の高度化圧力

⑥自分自身のマネジメント力不足の圧力

――が加わり、プレイングマネジャーをさらに苦しませています。

外的要因に加え、上司への対応、メンバーへの対応に時間を取られ、チーム業績を挙げるためのマネジメント業務をする時間が減少。しかも、そもそもマネジメントスキルを習得しないで管理職になっている人が多いので、課題解決ができないのです。

これらをプレイングマネジャー個人だけで解決しなさいというのは、さすがに無理ではないでしょうか。つまり「無理ゲー」ですよね。

ここで一気に解決策を知りたいかもしれませんが、次章ではプレイングマネジャーが置かれている現状をさまざまなデータで正確に確認したいと思います（「プレイングマネジャーの現状把握は要らないので、とにかくすぐに解決策を知りたい」という読者は、次の章を飛ばして、第2章もしくは第3章から読んでください）。

第1章

プレイングマネージャーの実態

データから読み解く「現代のプレイングマネジャー」

ここでは、「プレイヤーの役割」「マネジャーの役割」の２つを同時に担っている管理職であるプレイングマネジャーの実態について確認していきます。

情報源はリクルートワークス研究所、産業能率大学総合研究所の２つのデータです。

資料A　リクルートワークス研究所

「Works Report 2020 プレイングマネジャーの時代」（２０１９年３月発表）

【実施時期】２０１９年３月

【調査対象】従業員１００名以上の企業に勤務し、一次考課対象の部下がいる課長相当の管理職（正規の職員・従業員）

【調査方法】インターネット調査

【有効回答数】２１８３人

■業種分布　製造業：32・7％　非製造業：67・3％

■性別分布　男性：96・3％　女性：3・7％

■年齢分布　45歳未満：14・6％　45歳以上50歳未満：29・3％　50歳以上55歳未満：31・7％　55歳以上：24・4％

■管理職経験年数　5年未満：27・4％　5年以上10年未満：24・8％　10年以上15年未満：24・1％　15年以上：23・7％

資料B　産業能率大学総合研究所

「上場企業の部長に関する実態調査」（２０２２年２月発表）

【調査期間】２０２１年９月14日〜９月16日

【調査対象】従業員数１００名以上の上場企業に勤務し、部下を１名以上持つ部長

【調査方法】インターネット調査

【有効回答数】３８５名（男性３７７名、女性８名）

これら2つの調査と、私が独自に追加調査した100名ほどのプレイングマネジャーへのヒヤリングとアンケート結果を加えて、プレイングマネジャーの実態について確認していきます。

まず、管理職のうち、どれくらいの割合がプレイングマネジャーなのでしょうか？

——9割の管理職がプレイングマネジャー

情報源として、上述の「Works Report 2020プレイングマネジャーの時代（資料A）」「上場企業の部長に関する実態調査（資料B）」の2つから確認します。

前者は全管理職、後者は上場企業の部長と対象は異なるのですが、どちらもほぼ同じ程度、**管理職のうち9割がプレイングマネジャー**という結果です。

正確に数字を確認します。

まず、資料Aでは、管理職のうちプレイング業務を「行っていない」割合が12・7％ですので、プレイングマネジャーの割合は、残りの87・3％、おおよそ9割弱だということがわかります。

仕事のなかでプレイング業務に割いている時間（資料A）

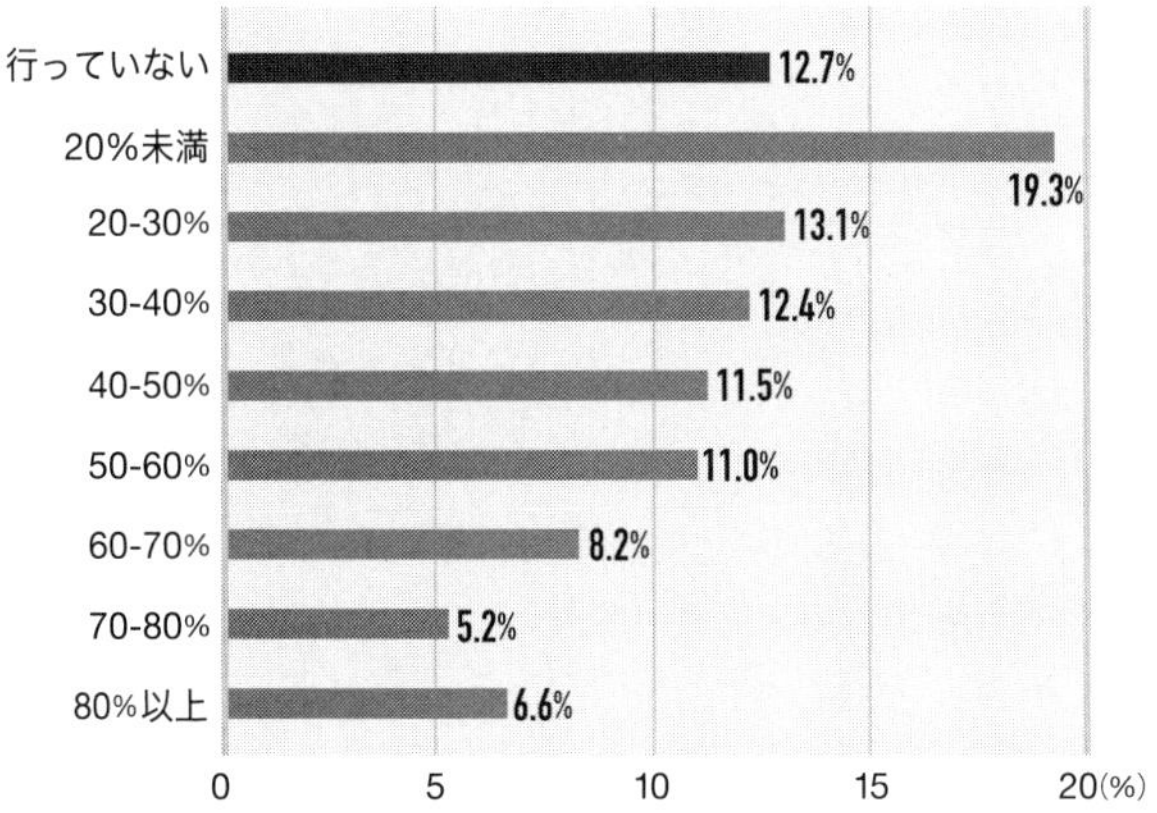

プレイヤーとしての仕事の割合（資料B）

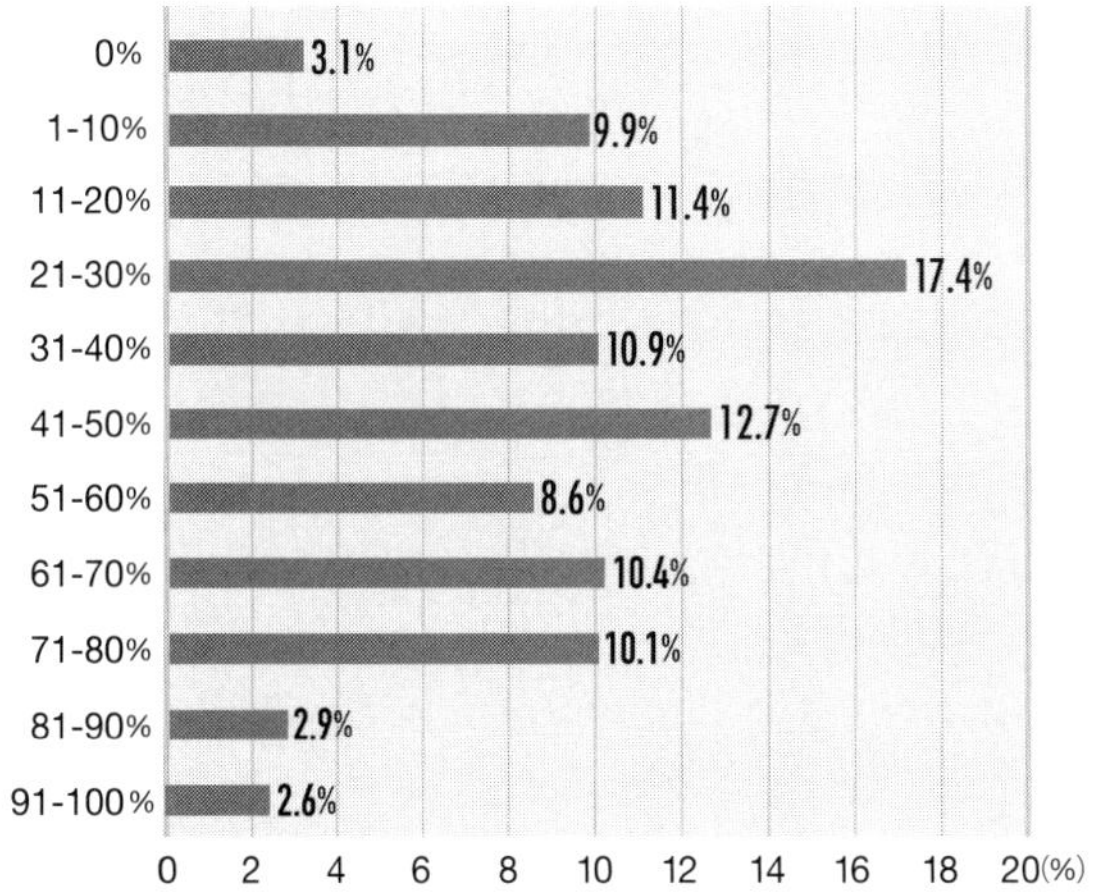

一方の資料Bでは、プレイヤーとしての役割をしている時間を「0％」と回答した割合はわずか3・1％です。プレイングマネジャーの割合は残りの96・9％、おおよそ、ほぼ全員です。

つまり、管理職のうち、「マネジャーの役割」だけを担っている人はかなり限定的だということが確認できました。

管理職は「4割の時間」をプレイヤーの役割で使っている

次に、プレイヤーの役割にどの程度の時間を割いているのかを確認します。

先ほどのグラフは、それぞれ資料A「プレイング業務に割いている時間」、資料B「プレイヤーとしての仕事の割合」を確認しています。目盛りが少し異なるのですが、強引にグラフにして比較してみました。

資料A、Bは対象も人数も異なるので、少し凸凹していますが、プレイヤーの役割に使っている時間は20％未満が最大（調査A：19・3％、調査B：21・3％）。その次が30％未満で（調査A：13・1％、調査B：17・4％）となります。プレイヤー業務を行っていない

管理職がプレイヤーの役割をしている時間

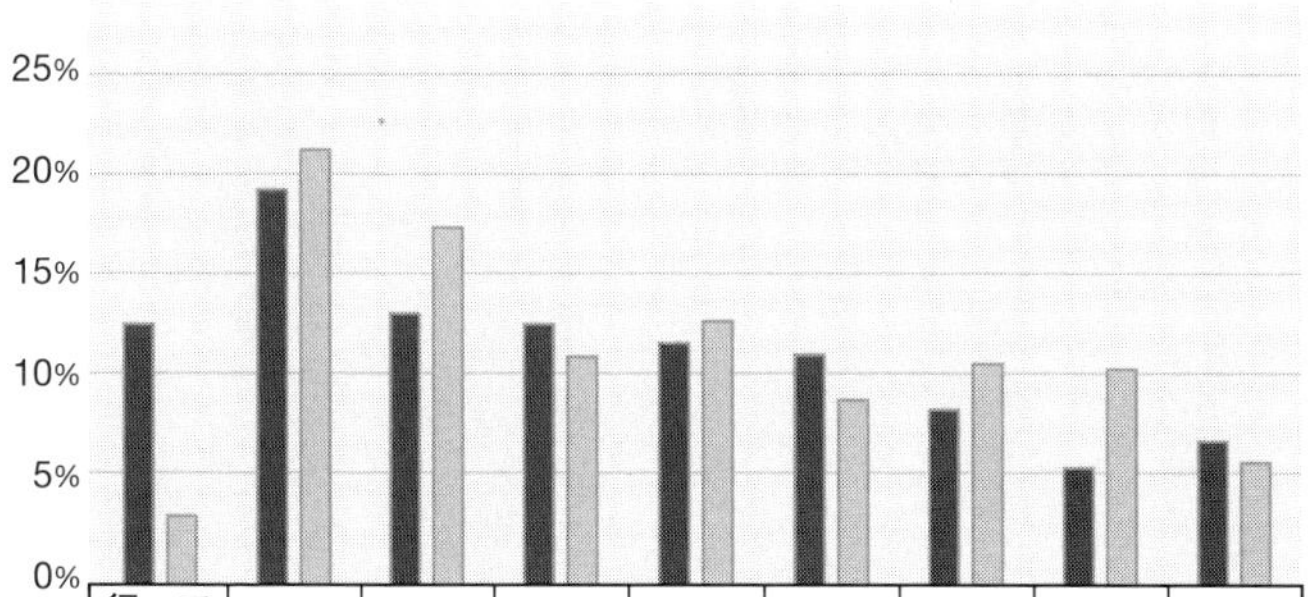

	行っていない	~20%	~30%	~40%	~50%	~60%	~70%	~80%	80%~
調査A	12.7%	19.3%	13.1%	12.4%	11.5%	11.0%	8.2%	5.2%	6.6%
調査B	3.1%	21.3%	17.4%	10.9%	12.7%	8.6%	10.4%	10.1%	5.5%

■調査A　■調査B

管理職も含めて、30%未満が調査Aでは45・1%（＝12・7%＋19・3%＋13・1%）、調査Bでは41・8%（3・1%＋21・3%＋17・4%）と4割強であることがわかります。

その一方で50%つまり半分以上の時間をプレイヤー業務の時間に使っているのは、調査Aでは31%（＝11%＋8・2%＋5・2%＋6・6%）、調査Bでは34・6%（＝8・6%＋10・4%＋10・1%＋5・5%）と3割強いるのもわかります。

ちなみに、資料Bは時系列でデータを取っているので、前回との比較がわかります。前回の加重平均が39・9%であり、今回が43・9%です。

つまり、**上場企業の部長は4割前後の時**

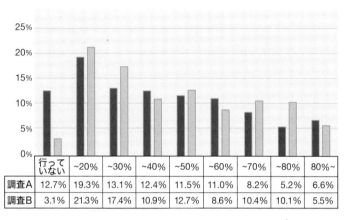

間をプレイヤーの役割として使っていて、その割合が増加しているのです。

ほとんどの管理職がプレイングマネジャーであり、平均すると4割の時間をプレイヤーの役割に使っている実態が見えてきました。

しかし、なぜプレイングマネジャーは、平均で4割もの時間をプレイヤーの役割に使っているのでしょうか。その理由について確認しておきます。

「業務過多」「部下の力量不足」「目標達成」の三重苦

資料Aによると「プレイング業務を行う理由」という設問の回答トップ3は以下です。

1　業務量が多く、自分もプレイヤーとして加わる必要があるため（57・3％）

2　部下の力量が不足しており、自分もプレイヤーとして加わる必要があるため（37・3％）

3　自分がプレイヤーとして加わらないと、当期のチームの目標が達成できないため（30・3％）

プレイング業務を行う理由

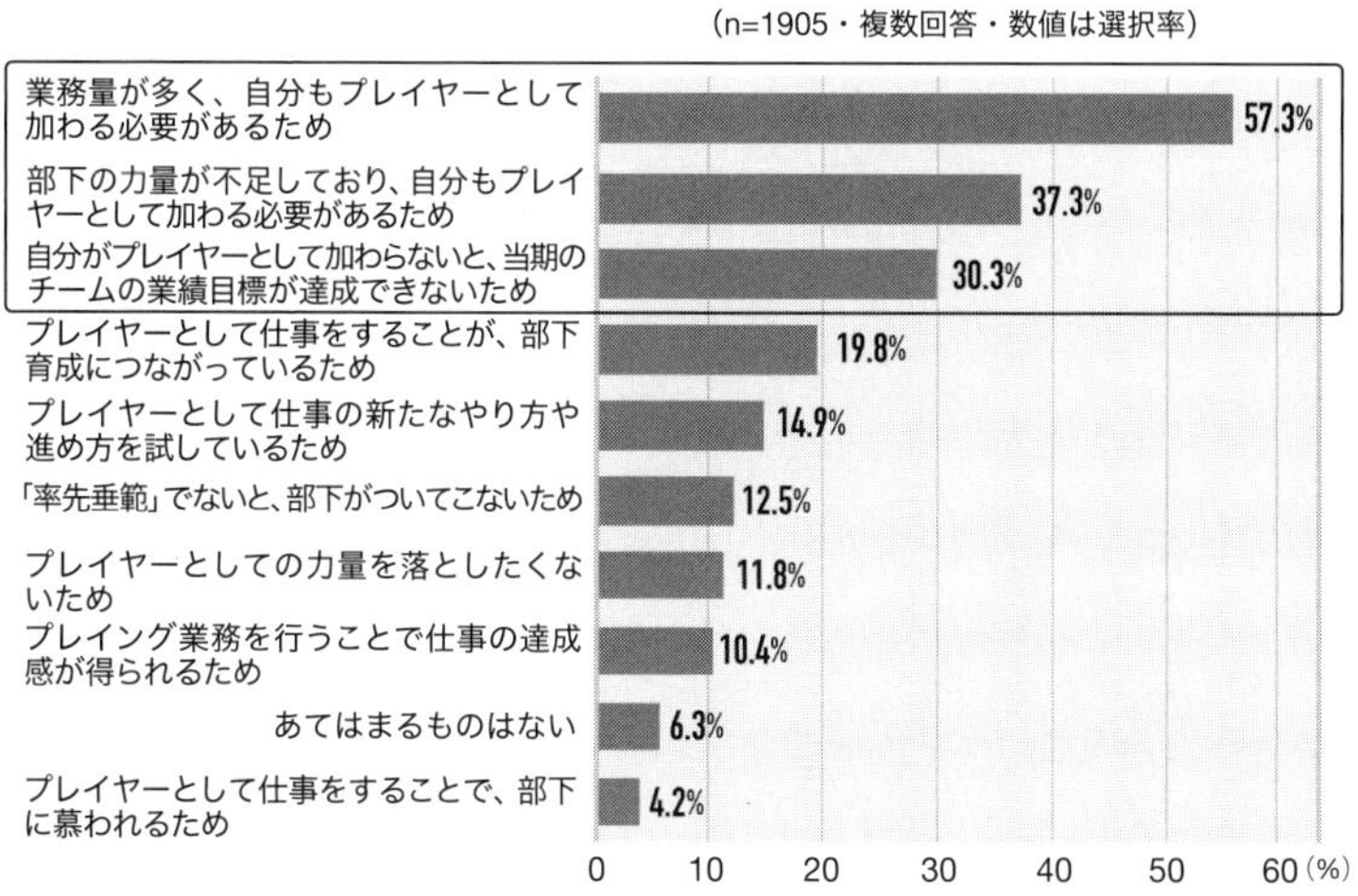

これらの結果からわかるのは、「業務量が多い」「部下の力量不足」「目標が高い」などにより、管理職がプレイヤーの役割を担わないと、目標達成できないと考えていることです。

資料Aのこのグラフは、n数が1905とあります。つまり、これらの数値結果は特定のプレイングマネジャーの意見ではありません。多くのプレイングマネジャーがプレイヤーの役割をせざるをえない状態に陥っているのです。

だとすると、これは、プレイングマネジャー（だけ）の問題ではなく、その上司、あるいは人事、ひいては経営の問題に起因しているといえるのではないでしょうか。

このような事実を共有しても、もしかするとプレイングマネジャーの上司の中には、このように考える人もいるかもしれません。

「かつては私もそうだった」

「『業務量が多い』『部下の力量不足』『目標が高い』などは今に始まった話ではない」

「いつの時代もこのような問題はある。それを乗り越えたので今があるのだ」

しかし、それは本当でしょうか。昔と現在は同じ状況なのでしょうか。

そうではありません。現在の管理職（実態はほとんどがプレイングマネジャー）は昔とは比べ物にならない「新しい業務」の対応をこなしているのです。

プレイングマネジャーに求められるデジタル化の取り組み

資料Bでは、2～3年前と比較して重要度が高まった業務課題を複数回答で尋ねてい

2～3年前と比較して重要度が高まった業務課題

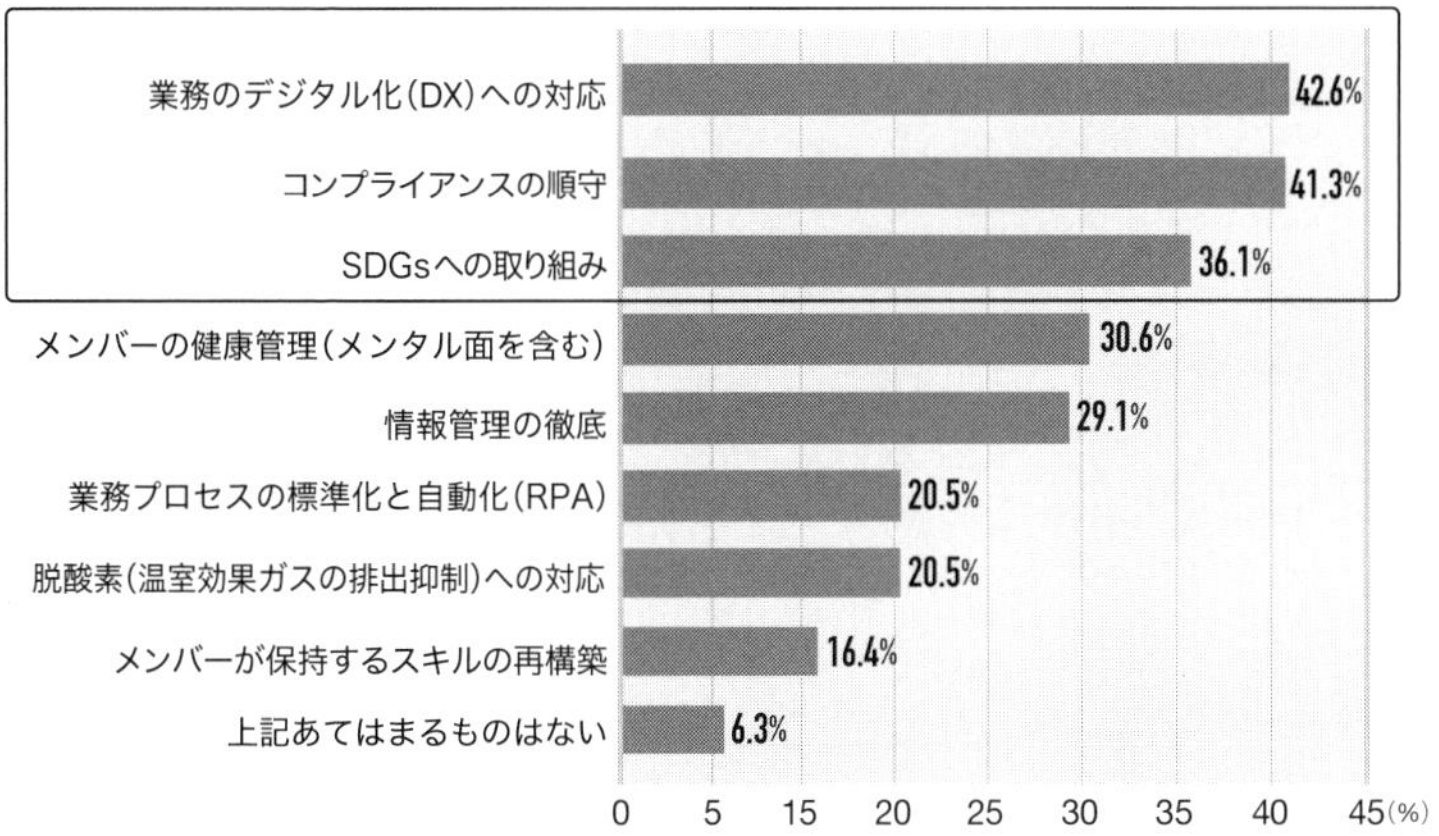

ます。

その調査結果を見ると、「業務のデジタル化（DX）への対応」と「コンプライアンスの遵守」が4割を超え、1～2位となりました。次いで、SDGsへの取り組み、メンバーへの健康管理（メンタル面を含む）が3～4位で3割を超えています。

ちなみにデジタル化とは何でしょうか？総務省によるとデジタル化とは「現在、世の中で使われている『デジタル・トランスフォーメーション』の定義は厳密には一致しておらず、使い方も人や場面によってまちまちである」とあります。つまり、かなり曖昧なことへの対応を求められているのです。

https://www.soumu.go.jp/johotsusintokei/whitepaper/ja/r03/html/nd112210.html

総務省の資料では、デジタル化について3つの分類が提示されています。

①Digital Transformation（デジタル・トランスフォーメーション）

企業が外部エコシステム（顧客、市場）の劇的な変化に対応しつつ、内部エコシステム（組織、文化、従業員）の変革を牽引《けんいん》しながら、第3のプラットフォーム（クラウド、モビリティ、ビッグデータ／アナリティクス、ソーシャル技術）を利用して、新しい製品やサービス、新しいビジネスモデルを通して、ネットとリアルの両面での顧客エクスペリエンスの変革を図ることで価値を創出し、競争上の優位性を確立すること

さらに、広い意味での「デジタル化」の範疇《はんちゅう》に含まれる概念として、「デジタイゼーション」と「デジタライゼーション」があり、国連開発計画（UNDP）ではこの両者を次のように定義していると書かれています。

② Digitization（デジタイゼーション）

既存の紙のプロセスを自動化するなど、物質的な情報をデジタル形式に変換すること

③ Digitalization（デジタライゼーション）

組織のビジネスモデル全体を一新し、クライアントやパートナーに対してサービスを提供するより良い方法を構築すること

言い換えると、会社内の特定の工程における効率化のためにデジタルツールを導入するのが「デジタイゼーション」、自社内だけでなく外部環境やビジネス戦略も含めたプロセス全体をデジタル化するのが「デジタライゼーション」。それに対し、デジタル・トランスフォーメーションは、デジタル技術の活用による新たな商品・サービスの提供、新たなビジネスモデルの開発を通して、社会制度や組織文化なども変革していくような取り組みを指す概念であるとあります。

つまり、比較的実行が可能だが効果は限定的なデジタイゼーションから、実行できれ

ば効果が大きいものの、きわめて手間がかかるデジタライゼーションやデジタル・トランスフォーメーションまでが管理職に求められている可能性があるのです。

このような大きな変革は10年前にはありませんでした。

現在の管理職は、とても難しいことを求められているのです。

プレイングマネジャーは「コンプライアンス」も守らなければならない

さらに**コンプライアンス遵守**も管理職にとって重要度が高まった業務課題だと回答しています。

コンプライアンスは、法令遵守と訳されることがあります。しかし、実際は3層からなっていると考えるべき概念です。①法令遵守：法律、政令、省令などの法令を守ること。これは狭義のコンプライアンスです。これに加えて、②社内規範の遵守：要綱、業務マニュアルなどを守ること。そして③社会規範の遵守：社会の常識、良識を守ること。

こうした広義のコンプライアンスからなるのです。

従来は法令遵守さえしておけばよかったものが、「社内規範の遵守」「社会規範の遵守」まで広範囲に目配せを求められるわけです。

しかし実際のところ、コンプライアンスの基本である「法令遵守」すら危うい状況が続いています。

例えば、大手自動車メーカーのエンジン認証において、不正が告発されました。開発期間や実績達成のプレッシャーの中で、「その場を切り抜ければなんとかなる」「今までもこのやり方で通ってきた」「安全上は問題ない」といった意識が、不正を引き起こしたのです。

このような事案は、数年前にヨーロッパの自動車メーカーで発生したディーゼル認証不正事案と非常に類似していますが、その事例から学び、戒めとすることができませんでした。

コロナの不正受給、個人情報漏洩、セクハラにパワハラにマタハラ、管理職が対応しないといけないことがたくさん増えました。

プレイングマネジャーの「プレーヤー」と「マネジメント」の最適な配分とは？

さて、もう一度、定量データを見ることにしましょう。

前述のようにプレイングマネジャーは4割程度の時間をプレイヤーの役割に使っています。はたして、プレイヤーの役割に充てる「適切な時間」はあるのでしょうか？

資料Aに興味深いグラフがあります。

このグラフは、**プレイング業務の割合とチームの成果の関係**を表したものです。ここでの「チームの成果」とは、マネジャーが管轄するチームの業績や生産性、部下の成長の程度などを問う15の設問に対する回答を統合した指標です（最低値は1、最高値は5）。

つまり、**数値が大きいほうが、チームの成果が高い**ということを示しています。

プレイング業務の割合に対して「行っていない」と回答したマネジャーのチーム成果指標の平均値は3・08です。その後、折れ線グラフはプレイング業務の割合20〜30％の

プレイング業務の割合とチーム成果の関係

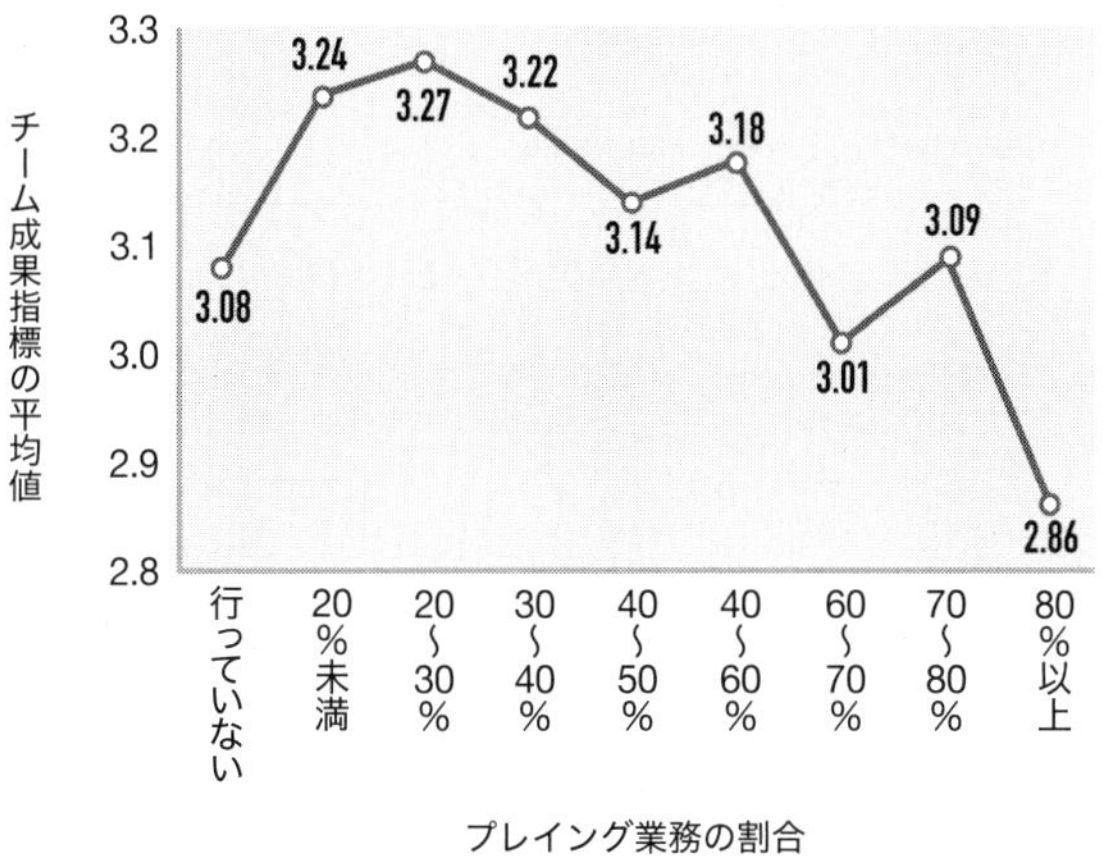

成果指標の3・27まで右肩上がりに上昇し、その後プレイング業務の割合が増えるに従い、右肩下がりになっているように見えます。

　しかし、このグラフは、縦目盛りが2・8〜3・3までしかないので、小数点2位の微差が大きく見えるようになっています。実際は、プレイング業務の割合「20％未満」のマネジャー（3・24）、「20〜30％」のマネジャー（3・27）、「30〜40％」のマネジャー（3・22）であり、これら3タイプのプレイングマネジャー、つまりプレイングの割合0％を除くプレイングマネジャーの割合40％未満の組織の成果が高いということがわかります。

——プレイング業務の内容とチームの成果の関係とは？

資料Aでは、プレイング業務内容とチーム成果の関係についても調査を行っています。

この表は、プレイング業務の内容とチーム成果との相関関係と因果関係の両方を見ているのが興味深いです。

チーム成果との相関関係や因果関係でマイナスの数値になっているのは、実施するとチーム成果にマイナスの影響を及ぼすということを表しています。逆にプラスは、成果にプラスの影響を及ぼすことを表しています。

ここから見て取れるのは、プレイングマネジャーが基本レベル業務を実施すると、チーム成果にマイナスの影響があるという事実です。

その一方でチーム成果にプラスの影響がある「改善レベル業務」「変革レベル業務」は、自分（マネジャー自身）にしかできない業務であるのも理解できます。

しかし、実際は、本来やるべき業務だけではなく、メンバーでもできる仕事をしているプレイングマネジャーの状況が見て取れるのではないでしょうか？

プレイング業務内容とチーム成果の関係

プレイング業務群	プレイング業務の内容	チーム成果との相関関係	チーム成果との相関関係
基本レベル業務	新人や職務経験が浅い部下でも遂行できる業務	-.118**	-.102**
	やり方や進め方が完全に決まっている業務		
	自分1人で完結する業務		
	3年程度の職務経験がある部下が遂行できる業務		
改善レベル業務	自分(マネジャー自身)にしか遂行できない業務	.142**	.070*
	やり方や進め方をゼロから考える業務		
	他部署・社外の関係者と協議が必要な業務		
変革レベル業務	これまでとは全く異なるやり方や進め方が求められる業務	.134**	.083*
	上司との協議が必要な業務		

※チーム成果との相関関係は相関係数、チーム成果との因果関係は標準化偏回帰系数を記載（**は1%水準で有意、*で5%水準で有意を示す）。

プレイングマネジャーも自らの「課題」を把握していない

これ以降は、私が周囲にアンケートやチャットで入手した情報からプレイングマネジャーの実態を把握した情報を共有します。

――プレイングマネジャーへの6つの圧力は正しそう（より強いのは4つ）

第1章で提示した6つの圧力について、アンケートを取りました。

❶プレイング業務の増加
❷タイムマネジメントの厳格化

6つの圧力で当てはまるもの（複数回答可）

1	本人のマネジメント力不足	54.5%
2	メンバーへの対応の高度化	53.6%
3	プレイング業務の増加	51.8%
4	上司からの無理あるいは曖昧な要望	43.6%
5	新業務増加への対応	30.9%
6	タイムマネジメントの厳格化	20.0%
7	その他	18.0%

❸新業務増加への対応
❹上司の無理あるいは曖昧な要望
❺メンバーへの対応の高度化
❻本人のマネジメント力不足

n＝113ですので、参考程度だとご理解ください。

まずは、複数回答で**「あなたの困りごとのうち当てはまるものを選んでください（複数回答可）」**と尋ねました（上の表）。

半数以上の人が「本人のマネジメント力不足」「メンバーへの対応の高度化」「プレイング業務の増加」を挙げています。次いで、「上司からの無理あるいは曖昧な要望」を挙げています。「新業務増加への対応」

6つの圧力で最も困っているもの

1	プレイング業務の増加	21.6%
2	本人のマネジメント力不足	20.7%
3	上司の無理あるいは曖昧な要望	19.8%
4	メンバーへの対応の高度化	13.5%
5	新業務増加への対応	10.8%
6	その他	10.0%
7	タイムマネジメントの厳格化	3.6%

も30・9%、「タイムマネジメントの厳格化」も20・0%の人が挙げています。

どうやらトップ6は、当初の仮説通りであると想定できます。

さらに、最も強い圧力が何かを把握したかったので、**「あなたが最も困っているものを選んでください（1つのみ）」**という形で単一回答を求めてみました（上の表）。

すると、2割前後が「プレイング業務の増加」「本人のマネジメント力不足」「上司の無理あるいは曖昧な要望」を挙げています。ついで、「メンバーへの対応の高度化」「新業務増加への対応」が続いています。

おおよそ仮説通りの結果であることがわかりました。

努力をしているが、困っている。
そしてそもそも何が課題かわかっていない

次に、**「プレイングマネジャーはどの程度困っているのか」「その困りごとを解決するために何をしているのか」**を聞いてみました。

3つグラフを次のページから続けて紹介します。この3つのグラフからプレイングマネジャーが、「努力をしているけれど、困っている」という状況が見て取れます。そして驚くことに「何が課題なのかわかっていない」という事実が読み取れるのです。

「あなたが困っていることを解決するために実施していることを教えてください（複数回答可）」と問いかけたところ、ほぼ半数のプレイングマネジャーが困りごとを解決するために「書籍やビデオなどを視聴」しスキル習得しようとしているのがわかります。また4割前後のプレイングマネジャーが「上司」や「メンバー」あるいは「同僚」と相談することで解決しようとしているのがわかります（80ページ図表）。

ところが、困っている状態を5点（とても困っている）～1点（まったく困っていない）で回答してもらうと、過半数のプレイングマネジャーが4点以上で困っているというので

解決策（複数回答）

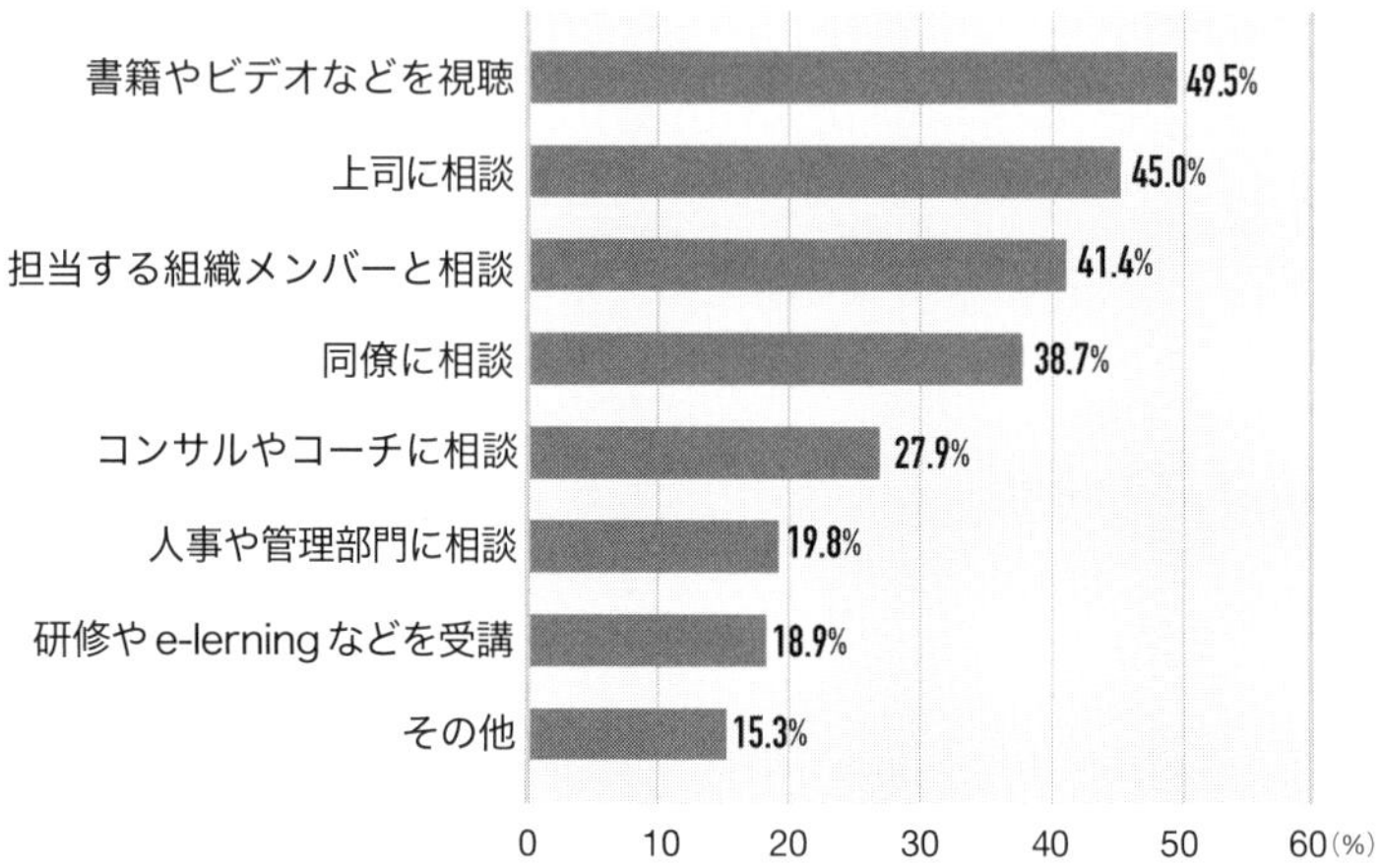

す（左の上図）。

これら2つのデータから、**「プレイングマネジャーは、困りごとを解決するために努力しているのに、困り続けている」**ということがわかります。

これはどうしてなのでしょうか？

それを理解するために、次のような質問をしてみました。

「失礼な質問で恐縮ですが、あなたは、自分自身が困っている問題や課題をどれくらい正確に把握していると思っていますか？」

あなたが管理職として困っている状態を
1点から5点で評価してください

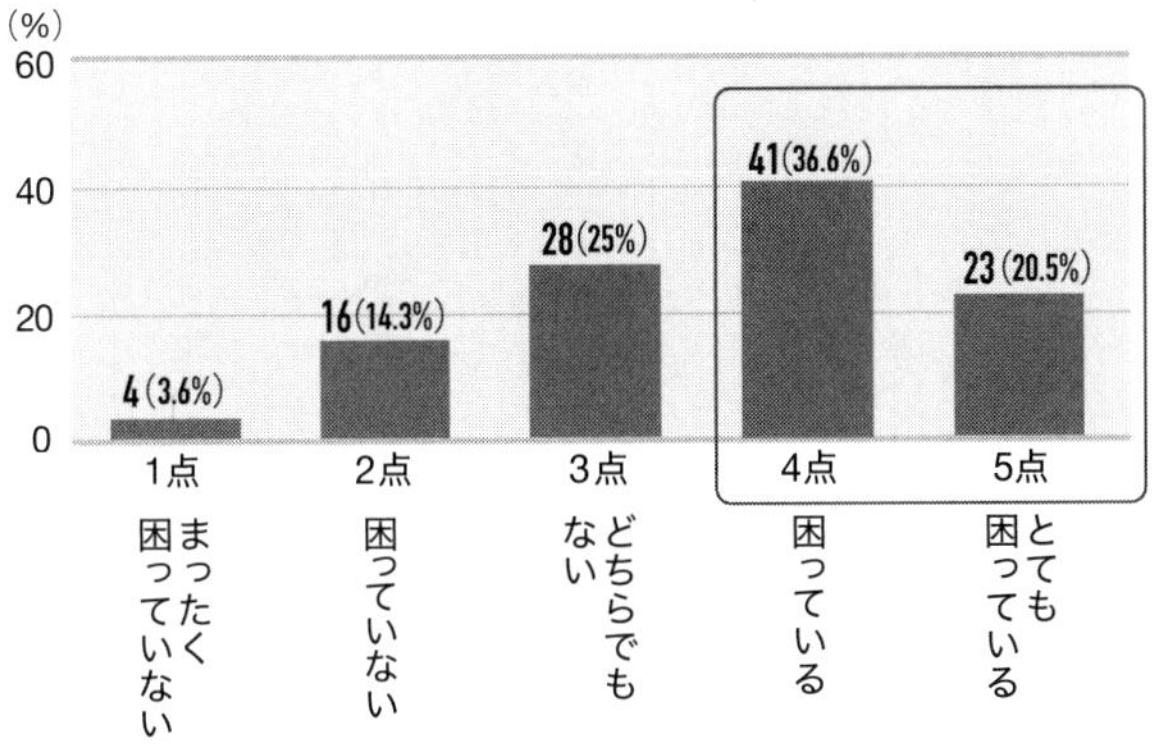

あなたは自分の問題や課題を
どれくらい正確に把握していますか？

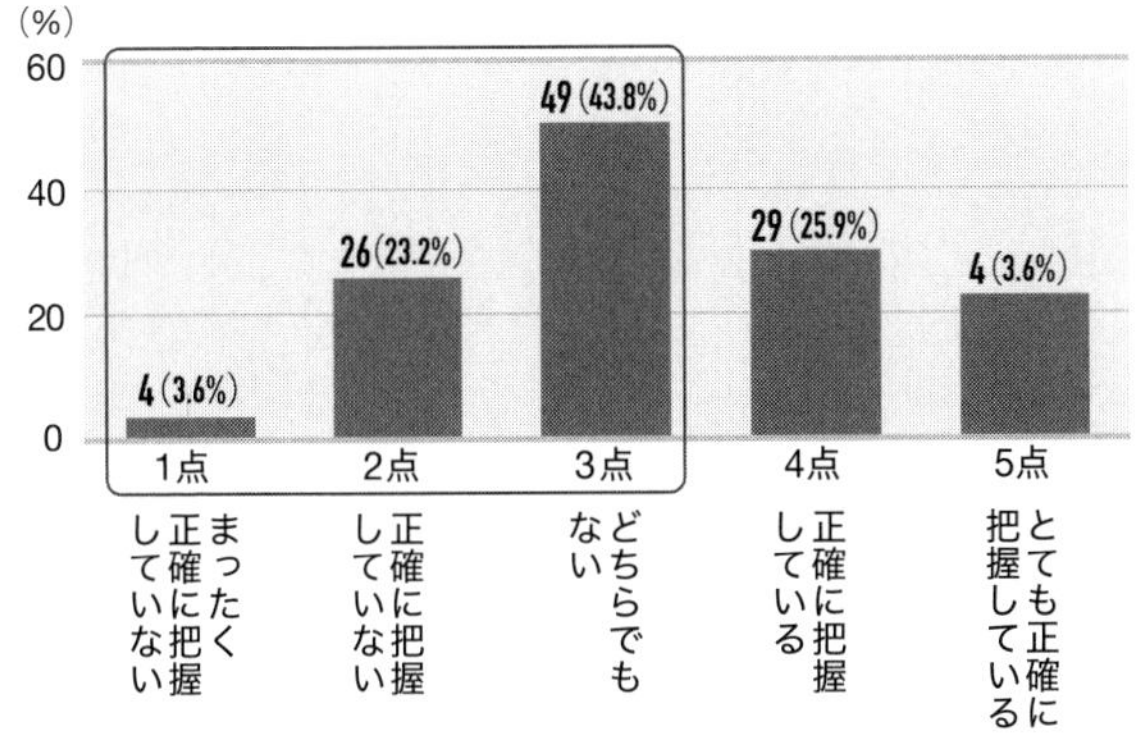

5点（とても正確に把握している）～1点（まったく正確に把握していない）で回答してもらうと、ほぼ奇麗に正規分布しているのがわかります。半数程度のプレイングマネジャーが、課題を正確に把握できていないことがわかります（前ページの下図）。

彼らがそう考えるのは至極当然だと思うのです。努力をしているのに解決できないということは、課題の特定がうまくできていないか、努力の仕方が間違っているのか、あるいはそれら両方です。

この事実がこの後、プレイングマネジャーを支援するためのヒントになりました。

第2章

無理ゲーの解決を考える際の3つのポイント

プレイングマネジャーの無理ゲー解決策を考える

ここまで読み進めてくださったみなさんは、プレイングマネジャーが大変な状況にいることをご理解いただけたと思います。そして、プレイングマネジャーをこの無理ゲーから救ってあげたいと思ってもらえたら嬉《うれ》しいです。

しかし、具体的に何をすればよいのでしょうか？

前述のアンケート結果で分析したように、プレイングマネジャー自身が何に困っているのか正確に把握できていない可能性があります。だから、「努力をしているのに、無理ゲーを解決できない」という事態から抜け出せないのです。

だとすると、やみくもにゲームに取り組むのではなく、ゲームの勝ち方、つまり「プレイングマネジャーを無理ゲーから解放する方法を考える」必要があると思うのです。

そこで、今回、私がその方法を考えるにあたって、下記の3つのアプローチを取りました。

方法①　ジョハリの窓の考え方の援用

方法②　問題の課題化

方法③　チームの生産性を高める

それぞれポイントを確認します。

方法①ジョハリの窓の考え方を援用する

ジョハリの窓とは、人と人とのコミュニケーションを考えるために考案されたモデルです。

1つ目は、**ジョハリの窓**の考え方の援用です。ジョハリの窓は**（A）開放の窓、（B）盲点の窓、（C）秘密の窓、（D）未知の窓**という4つの象限からなっています。

ジョハリの窓を活用したワークショップでは、参加者に、この4つの象限のうち、（A）開放の窓を広げることを促します。

（C）秘密の窓の内容を周囲の人たちに「自己開示」することで、周囲の人が理解してくれて、（A）開放の窓が広がります。

逆に（B）盲点の窓にある内容は、周囲の人たちにフィードバックしてもらい、それを振り返ることで、（A）開放の窓を広げます。

ジョハリの窓

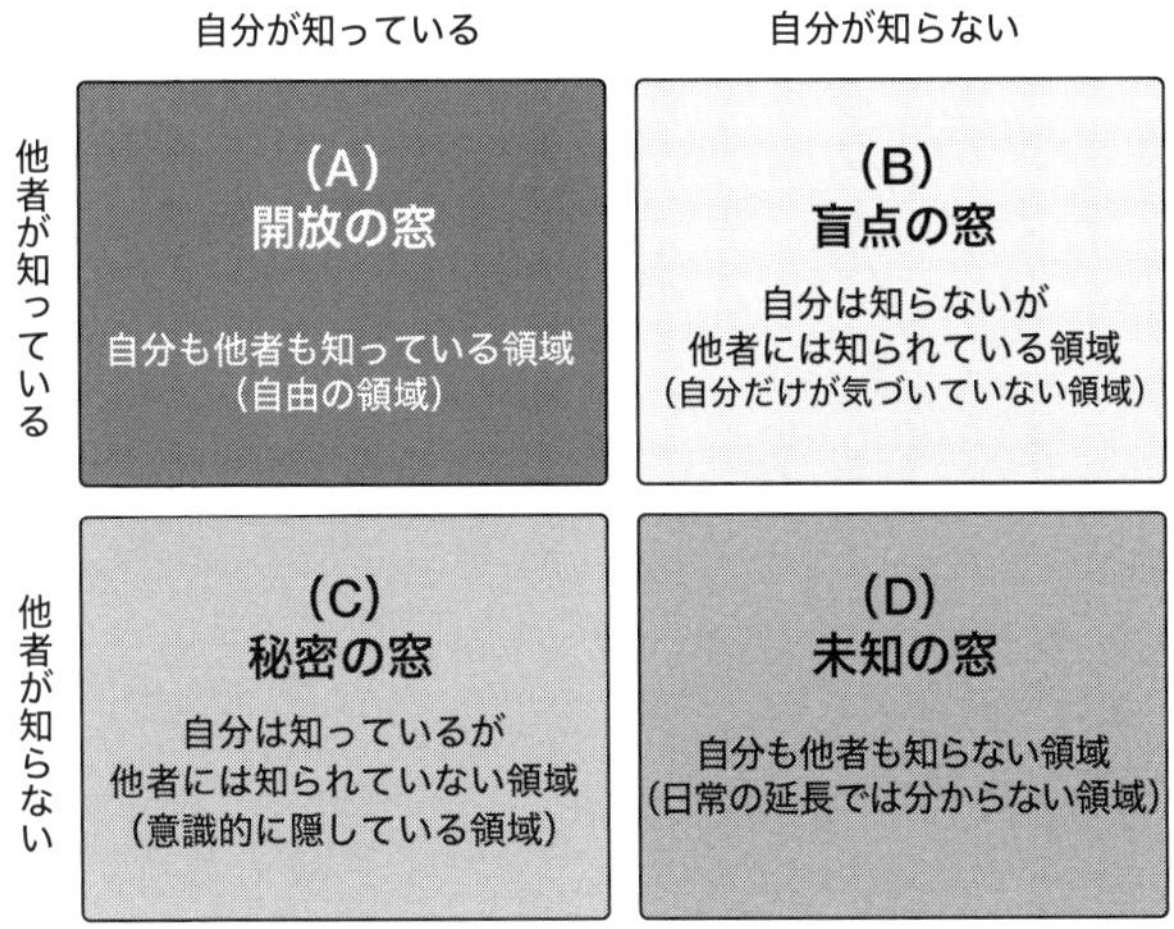
自分が知っている
自分が知らない
他者が知っている
他者が知らない
(A)
開放の窓
自分も他者も知っている領域
(自由の領域)
(B)
盲点の窓
自分は知らないが
他者には知られている領域
(自分だけが気づいていない領域)
(C)
秘密の窓
自分は知っているが
他者には知られていない領域
(意識的に隠している領域)
(D)
未知の窓
自分も他者も知らない領域
(日常の延長では分からない領域)

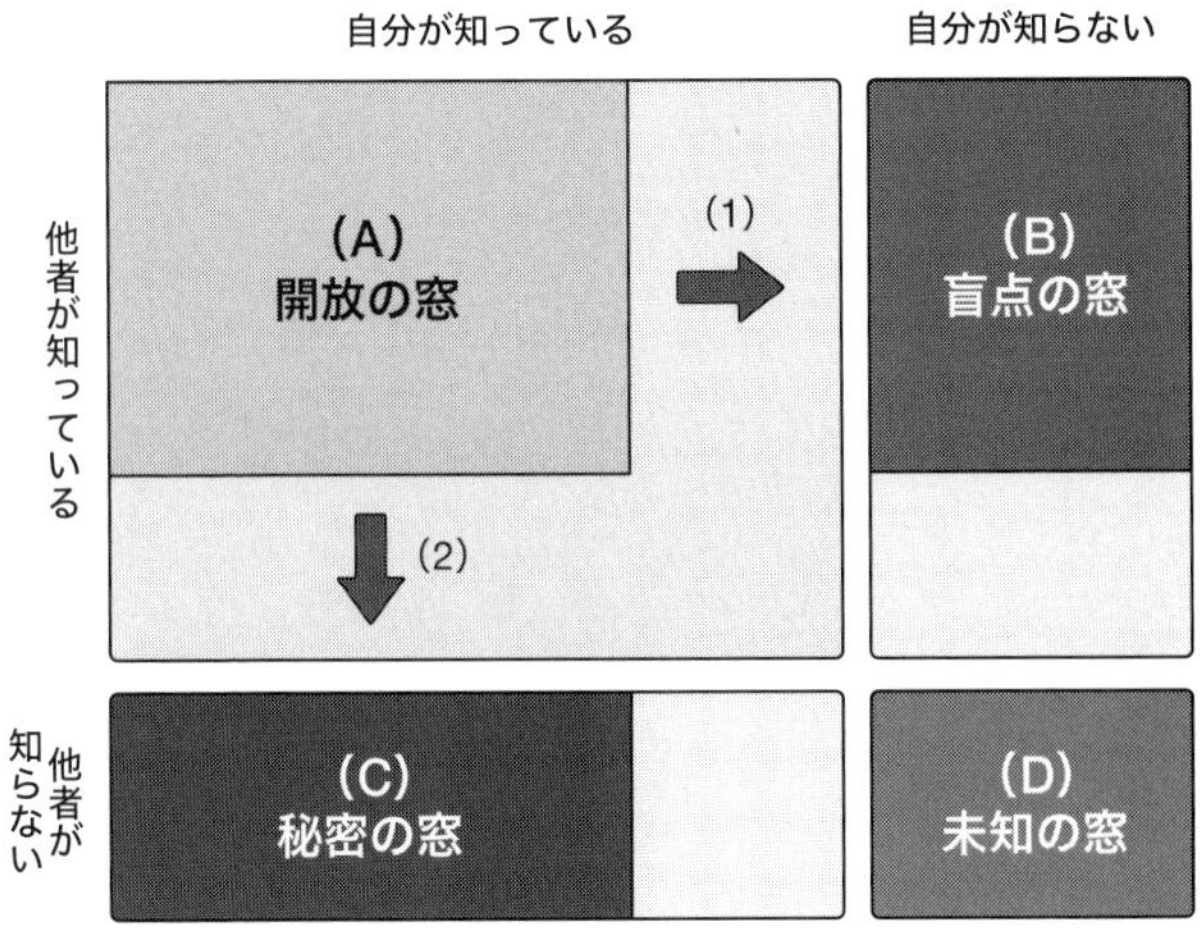
自分が知っている
自分が知らない
他者が知っている
他者が知らない
(A)
開放の窓
(1)
(2)
(B)
盲点の窓
(C)
秘密の窓
(D)
未知の窓

そして（D）未知の窓は、「私」も「周囲の人たち」も気づいていないので、理屈上はどのような内容かわかりません。

その場合、どうしたらよいのかというと、その内容についてよく知っている人たちの知識や経験を借りて、それに「チャレンジ」して実現させます。

ジョハリの窓を作るには、本人と本人をよく知っている職場の同僚や上司からアンケートを集めます。では、今回のプレイングマネジャーを無理ゲーから解放するために、このジョハリの窓の考え方を援用するとは、誰の協力を得ればよいのでしょうか？

これに対して、私は、この「マネジャーを無理ゲーから解放する」というテーマに興味がある人（当事者・専門家）に意見を求めればよいのではないかと考えました。そうすれば、このテーマに関しての多くのジョハリの窓が重なって、未知の窓が限りなく小さくなるはずだからです。

そこで今回はこのテーマに興味がある100名ほどの協力者の方々とメッセンジャーで対話をしながら、何を解決しなければいけないのかを3か月ほどかけて整理をすることにしました。

方法②「問題」と「課題」を分けて考える——問題の課題化

一方で、100名の人たちと一緒に考えたことのすべてを解決しないといけないとなると、それはそれで大変です。

そこで考えたのは、**「問題の課題化」**です。

問題の課題化については、以前ウェブメディアの「Business Insider」に寄稿しましたが、悩みごと（問題）と解決すべきイシュー（課題）は異なるという話です。

https://www.businessinsider.jp/post-106322

「問題」とは、現在起きているよくないことや、気になること、もやもやしていることです。

一方の**「課題」**は、将来に到達したい「ゴール」や「あるべき姿＝To Be」と、現状このまま進捗《しんちょく》した場合にその将来に到達するポイントとのギャップです。

課題と問題の違い

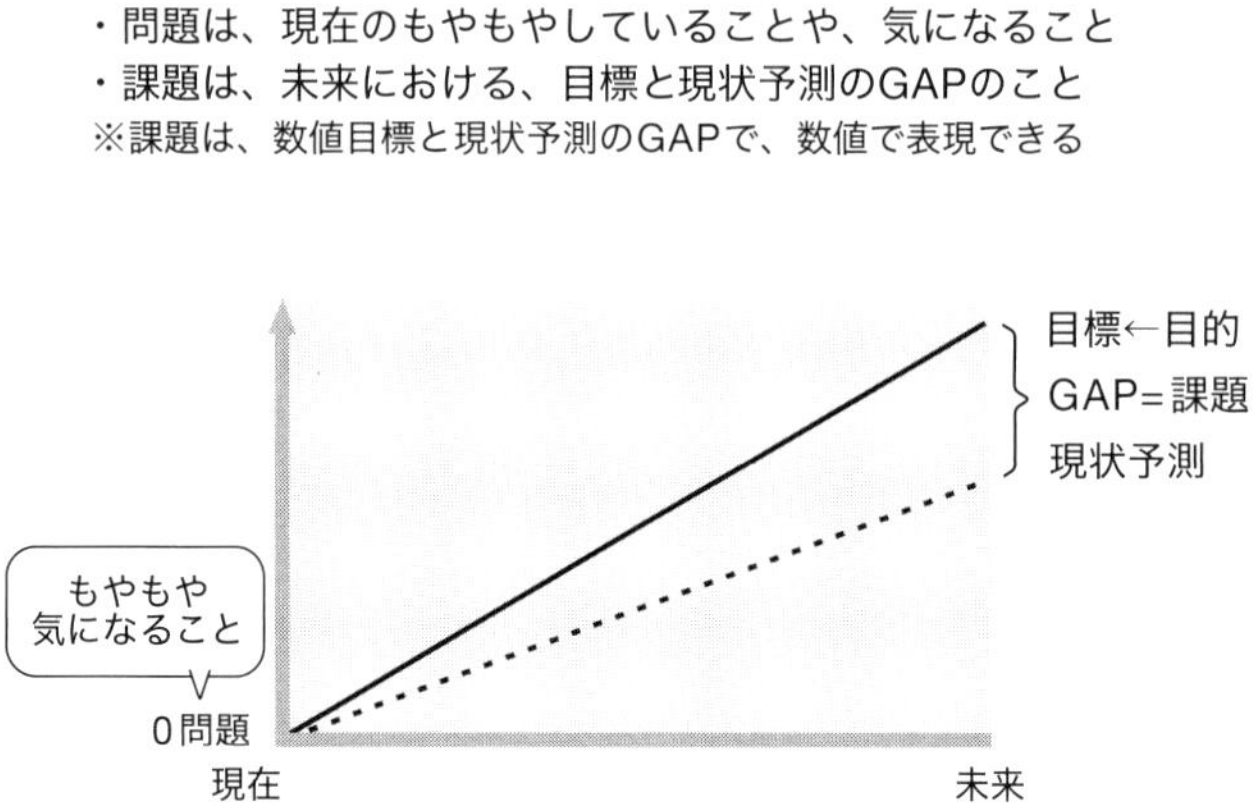
・問題は、現在のもやもやしていることや、気になること
・課題は、未来における、目標と現状予測のGAPのこと
※課題は、数値目標と現状予測のGAPで、数値で表現できる
目標←目的
GAP=課題
現状予測
もやもや
気になること
0問題
現在
未来

つまり、「問題」は**現状のこと**で、「課題」は**未来に起こるであろうギャップ**と使い分けています。

私は、まず何かの「問題」が起きた際に、それが単なる「問題」なのか、「課題」なのかを判断してから、解決するかどうかを判断する習慣を持っています。

それを**「問題の課題化」**と呼んでいます。

つまり、「課題」は解決すべきですが、「問題」は解決せずに放置していいケースがあるというのが伝えたいことです。

つまり、プレイングマネジャーや今回の100人が抱える悩みごと（問題）を直接解決しても、それが本来解くべきイシュー（課題）でなければ、解く必要もないし、解いても状況はよくなりません。

これは安宅和人さんが書かれたロングセラー『イシューからはじめよ――知的生産の「シンプルな本質」』（英治出版）で「解決すべきイシューは100のうち2、3もない」と表現されているのと同様の考え方です。

方法③チームの生産性を高める

第1章で、マネジャーと業績について触れました。チームの生産性を高めるためには、心理的安全性の高い組織を作ることが重要であると説明しました。

そのためにさまざまな企業があらゆる取り組みを始めています。

ただ、少しやりすぎなのかもしれないとも思うことがあります。

投資対効果が低いのです。

仮に時間が無尽蔵にあれば、あれもこれもやってみればいいでしょう。

ところが、プレイングマネジャーの6つの圧力の1つである「タイムマネジメントの厳格化」があるので、効果がありそうな方法であったとしても、限られた時間をやりくりしてそこに充てないといけません。

左の図は、生産性（ROI）を「期待される成果（R）」と「必要な投入量（時間・お金

チームの生産性（ROI）を高める

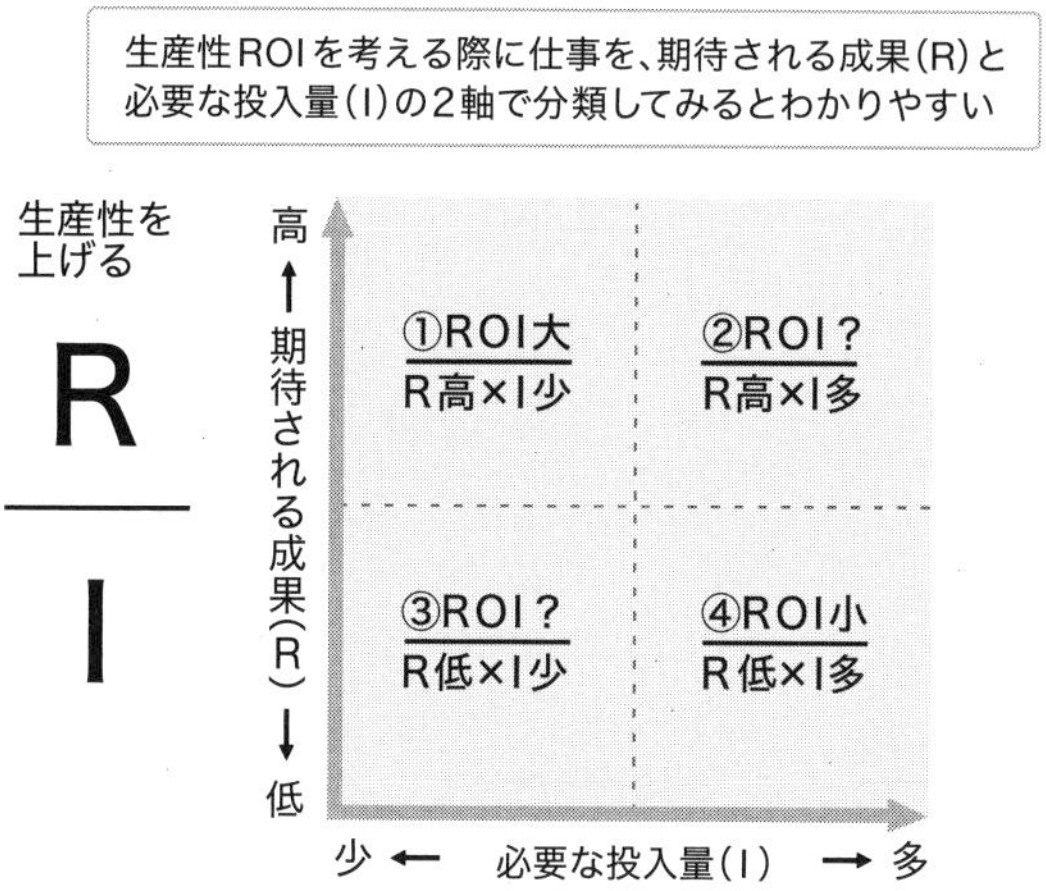

など）（I）」の2軸で示したものです。

①ROI大：期待される成果（R）高×投入量（I）少

②ROI不明：期待される成果（R）高×投入量（I）多

③ROI不明：期待される成果（R）低×投入量（I）少

④ROI小：期待される成果（R）低×投入量（I）多

プレイングマネジャーが実施している内容をそれぞれ①〜④に分類します。

そして、それぞれに手を打ちます。

具体的には、生産性（ROI）を高めるには、以下の3通りの方法があります。

A　やめる＝「④ROI少」を「やめる」
B　絞る＝「②ROI不明」を「①ROI大」に移行するために（対象）を「絞る」
C　見直す＝新たに「ROI大」の手法を「見直す」

まず、「④ROI小」は「やめる」のが大前提です。この④は必要な投入量が多く、プレイングマネジャーの時間をひっ迫させています。ですので、一刻も早く改める必要があります。

次に、「②ROI不明」です。これは、成果（R）は高いのですが、必要な投入量（I）が多すぎます。

この場合、ROIが低い対象を特定し、その対象への投入量を「絞る」方法を考えることで、「①ROI大」に移行させることがポイントです。

そして「①ROI大」は理想的な状態です。したがって、まったく問題がないように見えますが、さらにレベルを上げるために見直す点がないかを考え続ける点がポイントです。これはカイゼン活動の基本ですね。

今回触れていないのですが、「③ＲＯＩ不明」は、成果（Ｒ）が低いのですが、投入量（Ｉ）も低いので、いったん優先順位を下げました。ここも最終的には手を打てばよいでしょう。


これ以降は、１００人のプレイングマネジャーや専門家と対話した3つの結論について説明したいと思います。

ただし、あくまでも一般的な話になりますので、「自社では、これは④ではなく②だ。あるいは①だ」というケースもあるかもしれません。①であれば、やめる必要も絞る必要もありません。ただ、そうだとしても、より改善するために「Ｃ　見直す」きっかけになればと考えています。

次の第3章以降では、何を「やめる」「絞る」「見直す」のかについて説明します。中には、こんなものをやめてよいのかというものも、提示したいと思います。

さらに最後の第6章では、「やめる」「絞る」「見直す」をした場合に出てくるであろう反発への対応策についてもご説明します。

第3章

プレイングマネジャーが「やめる」べき仕事とは？

「やめる」「絞る」「見直す」作業がプレイングマネジャーを救う

この章以降では、チームの生産性を高めるために「やめる」「絞る」「見直す」対象とその理由について説明します。

今から紹介する「やめる」「絞る」「見直す」という課題解決のアプローチは間違いなく効果があります。これを実行することで、プレイングマネジャーを現状の「無理ゲー」から解放することができます。

ただ、読者のみなさんの一部の方にとっては、「やめる」「絞る」「見直す」ことに抵抗があるかもしれません。

その主な理由は以下の3つです。

(1) 現在の状況よりも好転するとわかっていても、変化を避けて現状維持を求める (=

現状維持バイアス）

（2）根拠はないけれど、自分や自社は大丈夫だと思ってしまう（＝正常性バイアス）

（3）ROIなど測定していないし、そもそもROIが低い仕事をしている自覚がない（＝無自覚）

これらのバイアスを避けて、これ以降を読んでいただきたいと考えています。

行動経済学者のダニエル・カーネマンによる著書『ファスト＆スロー』の中で紹介されて広まった概念で、システム1・システム2という「人の思考のパターン」があります。

システム1は、直観的に素早く意思決定を行う思考です。

システム2は、じっくりと熟考する思考です。

バイアスに陥りやすいのはシステム1であり、思考の偏りや歪《ゆが》みに気づかず、経験や感覚をベースに判断してしまう傾向があります。

だから、今から読む内容に対して、バイアスを生みやすいシステム1で「当社には関係ない」「できない」「無理だ」といった判断や解釈をしないでほしいのです。ぜひ、システム2を使って、「なるほど一般的にはこのような傾向があるのだな」と理解してください。

そして、できるならば、上司や人事と一緒に「当社ではどうだろうか?」とROIの①から④の象現に、自社の施策をプロットしてみてください。

一般的に何か新しい施策を実行すると何らかの反作用が起きます。

したがって、当然今回の「やめる」「絞る」「見直す」を実行すると反作用が起きます。その対応策については、最後の第6章でまとめて説明します。

どうして別々に説明するかというと、「何かをやめたので、それを補うために何かをする」という1対1対応ではなくて、1粒で二度美味しい方法もあるからです。つまり、「やめる」「絞る」「見直す」を行うと、さらに生産性を高める解決策が待っているのです。

――やめる対象はROIが小さい仕事

では、最初に「やめる」からです。

やめる対象とは？

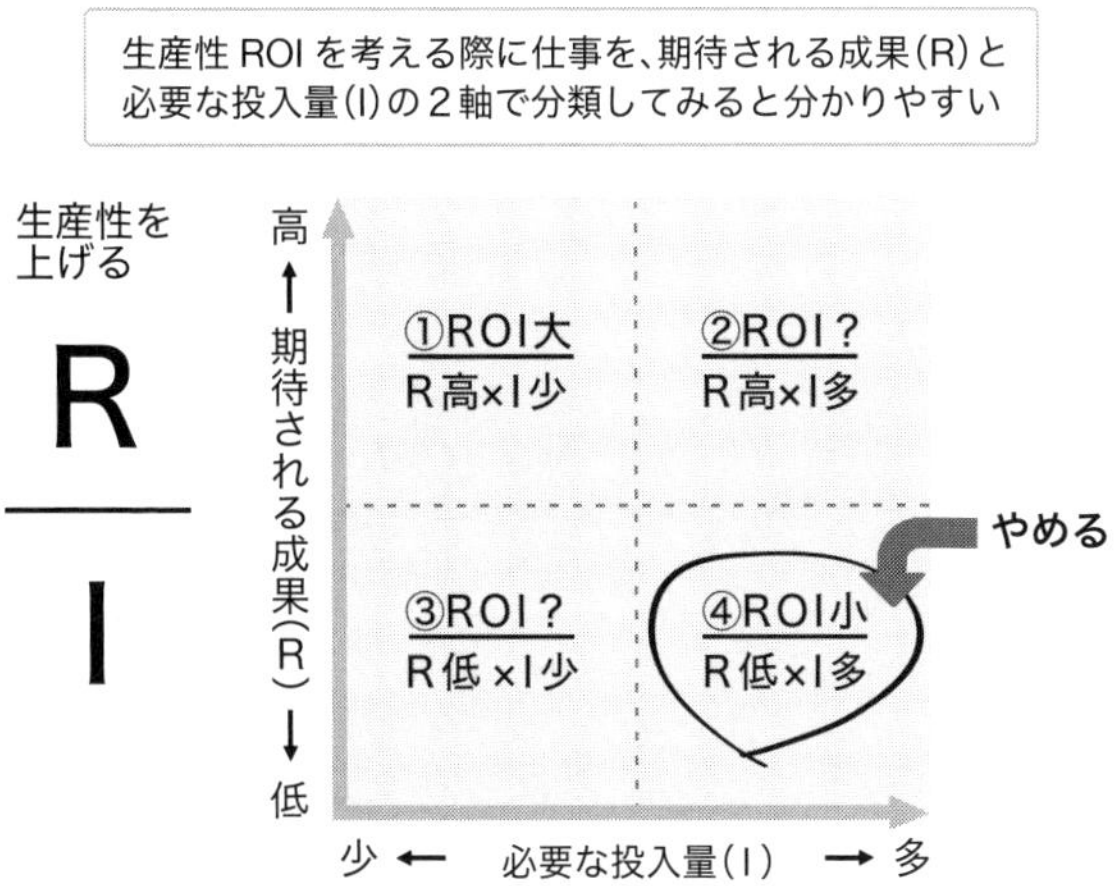

「やめる」のは、必要な投入量が多くて、期待される成果が低い、つまり「④ROI小」のものです。

ここでは、意外にも「④ROI小」になってしまっていることが多い2つの大物の「やめる」と、いくつかの重要なスキルとしての「やめる」をご紹介します。

「定期的な1on1」をやめる

前節で「意外にも『④ROI小』になってしまっていることが多い2つの大物」と言いました。まず1つ目の大物です。

それは**「定期的な1on1《ワンオンワン》」**です。意外に思われるかもしれませんが、「定期的に実施している1on1」あるいは「1on1ミーティング」と呼ばれているものをやめましょうというのが最初のアドバイスです。

——定期的な1on1の普及率

1on1はアメリカのシリコンバレーが発祥だとされています。激しい人材の争奪戦が繰り広げられているシリコンバレーでは、優秀な人材が他社に流出しないよう、人材育成や囲い込みをするための手段として1on1を導入するようになったと言われています。

日本では、2017年に出版された『ヤフーの1on1』（本間浩輔著・ダイヤモンド社）がきっかけとなって広まりました。本書では「週1回、30分の『部下のための時間』が人を育て、組織の力を強くする」とされ、さまざまなノウハウを開示することで一般的になりました。

したがって、1on1は日本では導入されて間もない新しいコミュニケーション手段です。

現状、いったいどれくらいの企業が導入しているのでしょうか。

2022年にリクルートマネジメントソリューションズが発表した「1on1ミーティング導入の実態調査」で確認してみます。

同調査によると、1on1ミーティングの施策としての導入率は、従業員規模3000名以上の企業では75・7％、従業員700〜2999名の企業では69・9％、従業員100〜699名の企業では57・7％となり、全体では7割近くの企業が、1on1ミーティングを施策として導入しているという結果でした。

ちなみに「施策としての導入率」のベースとなる数字は、「人事施策として全社で導入している」「人事施策として一部の組織で導入している」「部門施策として一部の組織で導入している」の3つを合計したものです。

導入時期については、60・5％の企業が「3年以内に導入した」と回答しています。「職場・組織にどのような変化が出ているか」という設問に対しては、「上司と部下の関係性がよくなった」が40・9％、「部下のモチベーションが上がった」が36・4％と、ポジティブな側面も調査結果から読み取れます。

また、この調査では、「2020年からのコロナ禍の影響でリモートワークが一気に進展し、部下と話す機会を意図的に作る必要性が感じられたことも、導入が進んだ要因の1つだと考えられる」とあります。

企業規模により大小はありますが、7割前後の企業が1on1を導入していて、その6割は（コロナのリモートワークの影響もあったのか）ここ3年で導入したことがわかります。

これは、上述の『ヤフーの1on1』が出版されたタイミングから1on1が広まったという話と矛盾しません。

先述した100名の対話でも整理したのですが、1on1は関係性の向上など一定の効果があるケースもあります。ただし、1on1に費やす時間と比較して、その効果が期待通り得られているかどうか、一度考えてみてはいかがでしょうか。

Q：1on1 施策として導入していますか。（単一回答）

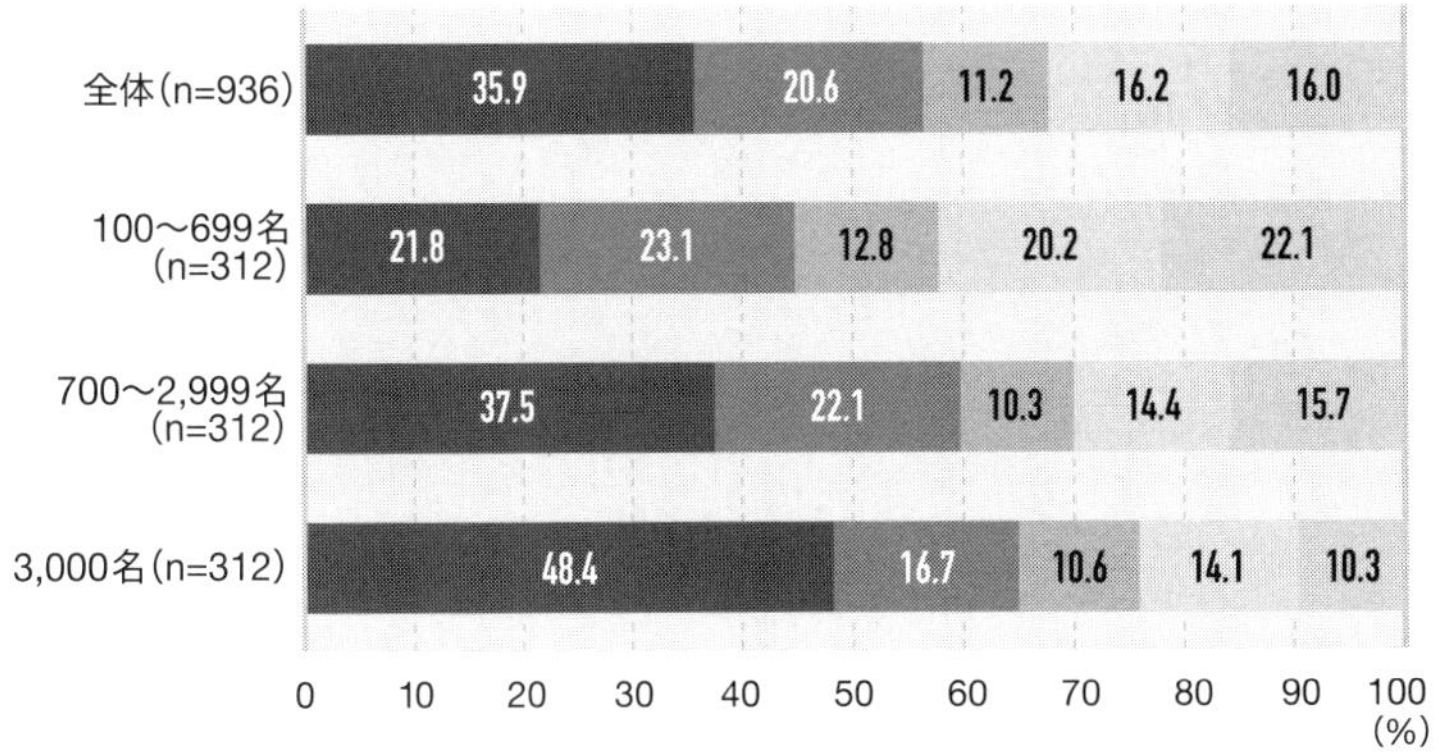

Q：公式施策として 1on1 施策をいつから導入していますか。
（1on1 施策導入済み企業／単一回答）

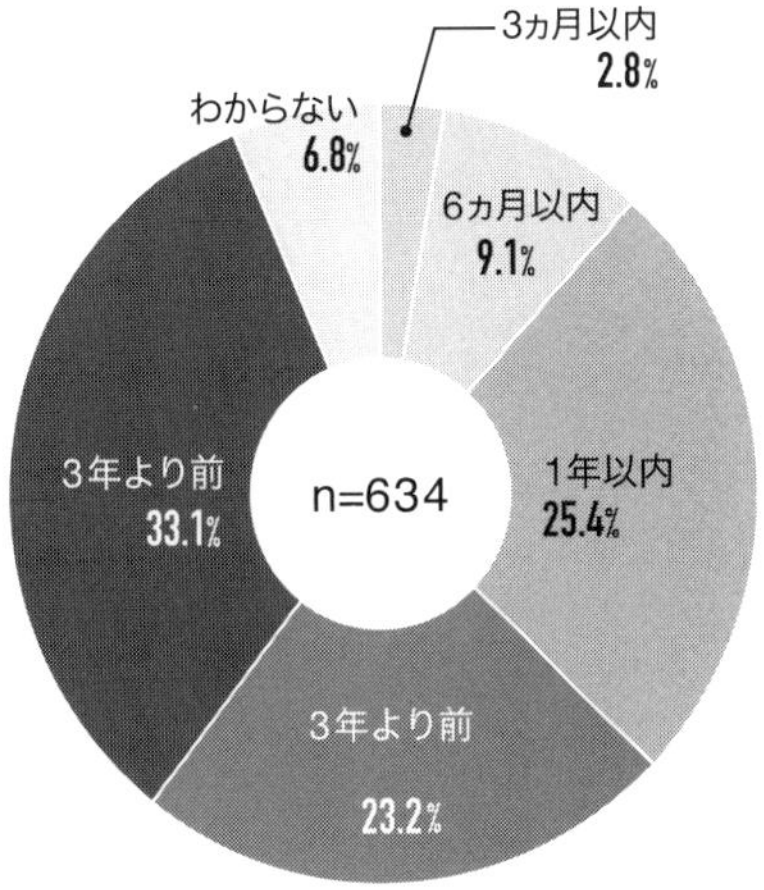

Q:1on1 導入によって職場・組織に生じた変化はありますか。(1on1 施策導入済み企業／複数選択可)

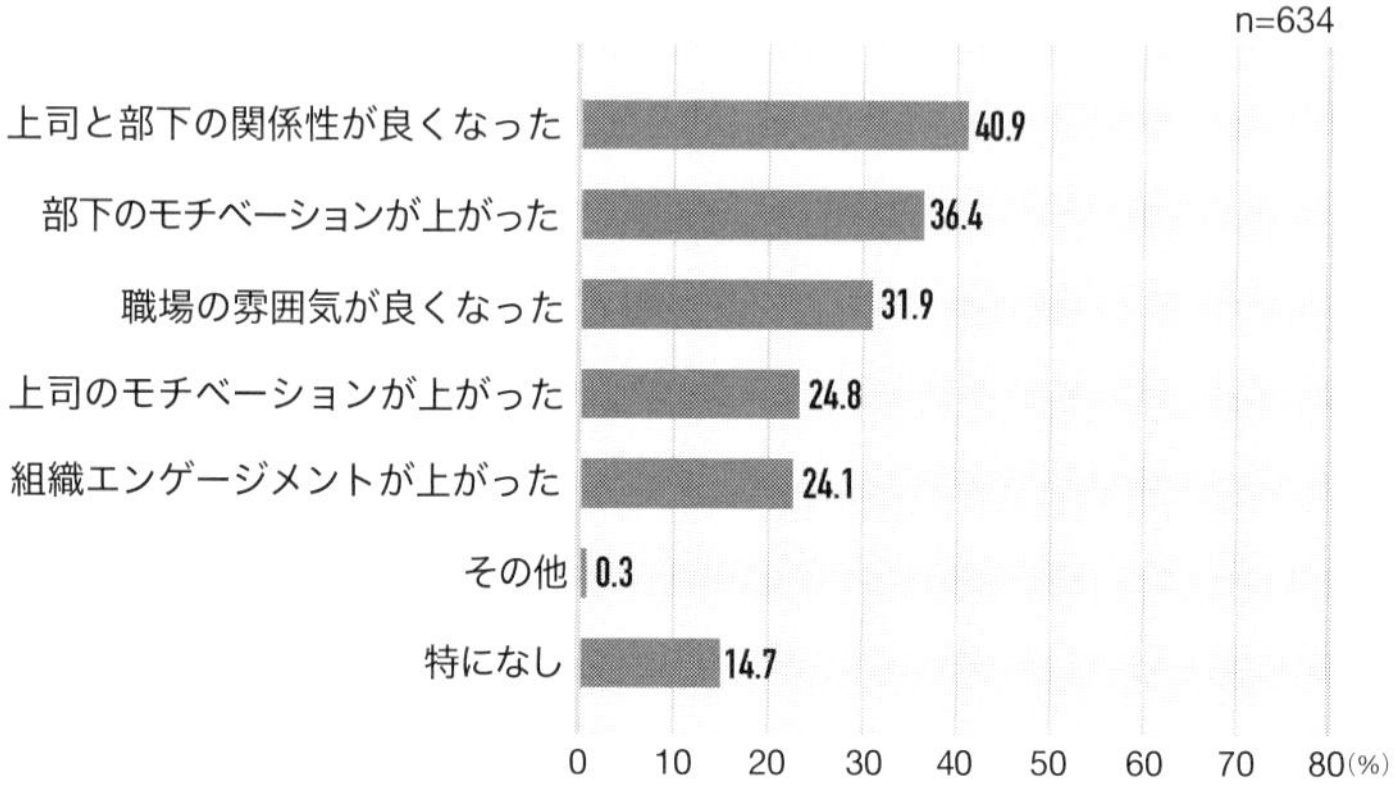

なぜならば、定期的な1on1には、それをはるかに上回るデメリットがあるからです。

それでもなお1on1がやめられないという人は、第5章で紹介するグループコーチングで週報などを行う方法を検討してみてください。1on1で得られた効果を維持しつつ、ＲＯＩを高めることができるはずです。

「定期的な1on1」がもたらす4つの弊害

「定期的な1on1」は、４つの弊害があります。

【「定期的な1on1」がもたらす４つの弊害】
弊害①　上司の仕事を増やす
弊害②　噂話《うわさばなし》で上司のモチベーションを低下させる
弊害③　チーム会議の活性化を阻害する
弊害④　全体のコミュニケーションに時間がかかり、質が低下する

それぞれポイントを説明しましょう。

「定期的な1on1」の弊害①
上司の仕事を増やす

実際の1on1の場面を想像してみてください。

メンバーが自分の困りごとを説明します。メンバーは、その困りごとを上司に解決してもらえると思って相談します。

この瞬間に、問題を解決するタスクはメンバーから上司に移管されてしまうのです。

はい、これで上司であるプレイングマネジャーに1つ仕事が増えました。ただでさえ忙しいプレイングマネジャーの貴重な時間が1on1によって奪われるのです。

しかもこの移管された仕事の大半は、管理職がやるべき仕事ではなく、本来であればメンバーが解決すべき仕事だったりします。

しかも、たちが悪いことに、1on1はクローズドな環境で対話をしています。

もちろん、心理的安安全性を担保するためには必要なことです。

したがって、1on1で聞いた内容の詳細を周囲に話せないことがあります。そうなると**「メンバーから聞いた話が事実かどうか」を確認するための現状把握だけでも時間が**

かかるのです。

こうしてさらにプレイングマネジャーの貴重な時間が失われます。

「定期的な1on1」の弊害②
噂話で上司のモチベーションを低下させる

人は一般的に、悪口や陰口を言うのが好きです。噂話も大好きです。

しかし、それを公の場でする人はそんなに多いわけではありません。

ところが、1on1の場では事情が異なります。

メンバーは本音を話してよい、あるいは上司は部下の本音を把握する必要があるという間違った前提があったりします。すると、大勢の前では悪口を言えない人でも1on1の場では言えたりするのです。これに噂話も加わりがちです。

そのような話を聞くと、弊害①と同様にプレイングマネジャーは人間関係などの配慮に対応しなければいけなくなり、確実に生産性が下がります。

そして、さらに悪影響を及ぼすことがあります。

そもそも人の悪口は、聞いていてもあまり気持ちのいいものではありません。

したがって、聞いているプレイングマネジャーのモチベーションが下がってしまうのです。職場のメンバーは家族でもなければ、友人でもありません。職場は仕事をする場です。ところが、悪口や陰口を言いやすい場になるのが1on1の弊害なのです。

運用に気をつけないと、ひどい場合は、プレイングマネジャーのメンタルに悪影響を及ぼす場合もあります。

「定期的な1on1」の弊害③
チーム会議の活性化を阻害する

上記2つの弊害を放置すると、さらなる弊害を誘引します。

1on1を定期的に行っていると、メンバーは**「何か言いたいことがあっても、1on1で相談をすればよい」**と考え始めます。

すると、チームメンバーが集まる定例会議（チーム会議）で誰も発言をしなくなりがちです。つまり、定例会議が機能しなくなるのです。

日本の企業は、そもそも会議で活発に意見をぶつけあうことが少ない傾向があります。みんなの前で意見を言うのが苦手、あるいは意見を言うと批判を受けるかもしれないと考える人が少なくないからです。

ところが1on1は違います。

相手は1人なので卒直な意見を言いやすい環境です。しかも、マネジャー側は人事部の研修で、「傾聴しなさい」「受け取りなさい」と繰り返し教わっているので、ていねいに聴いてくれます。

その結果、チーム会議で発言する必然性が下がってしまいます。

メンバーが会議で何かを発言しようと思っても、「次の1on1で個別に話をしよう」と考えがちになるのです。当然ながら、会議での対話や議論が激減します。

例えば「現場の意見が欲しい」あるいは「実行する際のリスクを想定したい」と意見を求めても、会議が機能しなくなってしまいます。**周囲の空気を読む傾向が強い日本では、みんなが発言しなくなると誰も発言しなくなります。**

「定期的な1on1」の弊害④
全体のコミュニケーションに時間がかかり、質が低下する

会議で議論すれば簡単に済む話が、弊害③が進むことでチーム会議が機能しなくなり、

その結果、さらに多くの1on1が必要になります。

いわゆる左の図のような**「ハブ&スポーク型のコミュニケーション」**が必要になるのです。1on1で話をした内容を、プレイングマネジャーがハブになって、さらに別の1on1で伝えなければならなくなります。

こうしてプレイングマネジャーの生産性はどんどん悪化していきます。**しかも、1人1人に個別に情報を伝える必要があるため、タイムラグも生じてしまいます。**

もちろん、人事部や上司の上司が1on1の上記の弊害を理解し、導入時にガイダンスをすれば1on1は機能するケースもあります。

あるいは、メンバーから悪口などが飛び出しても、それをメンバーに押し戻したり、全体の会議の議論を活発化させるべく仕切ることができるプレイングマネジャーであれば弊害は低減します。

しかし、プレイングマネジャー側も、**「メンバーから問題を聞いたら、問題を解決しないといけない」**というメンタルモデルがあったりします。あるいは解決しないとプライドに関わると考えてしまったりする人も少なくありません。

ハブ＆スポーク型のコミュニケーション

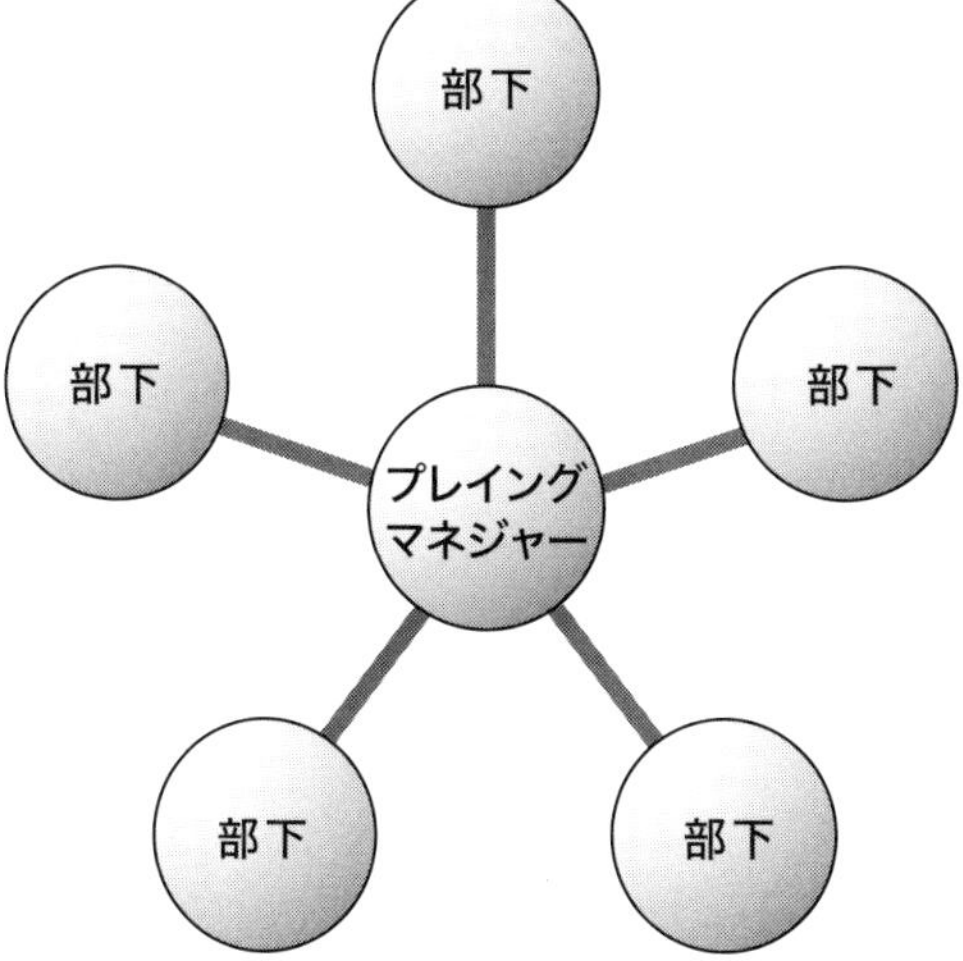

また、解決できないと、メンバーに「使えない上司」と思われるのではないかと思い、それを避けたいというメンタルモデルも起きます。その結果、①～④の弊害が連鎖して起きてしまうのです。

会社や人事で1on1の運用を上手に仕切らない限り、プレイングマネジャーは、1on1地獄から抜け出せません。

「定期的な1on1」が抱える4つの構造的問題

加えて、1on1は、そもそも構造的な問題として4つの弊害を内包しています。

❶時間問題（時間がかかりすぎる）
❷相性問題（2人なので相性が悪いと最悪）
❸力量問題（上司が解決しないといけない）
❹形骸化問題（情報が何も残らないので、周囲もサポートできない）

定期的な1on1はこのように生産性を下げる問題を内包しています。
それぞれポイントを確認しておきましょう。

「定期的な1on1」の構造的問題❶

時間問題

定期的な1on1が最初に直面する問題は**「時間」**です。

より正確に表現すると、時間について次の2つの問題を抱えています。

①時間がかかる
②日程の調整が難しい

ここで簡単な計算をしてみます。

あるプレイングマネジャーにメンバーが8人いるとします『ヤフーの1on1』では30分を推奨していますが、一般的な企業では会議時間を1時間としているところが多いので、1人1時間の1on1を毎週設定すると計算します。

1週間に8人のメンバーと1on1を実施するので、週当たり8時間の確保が必要です。

週に8時間を1on1のために確保するには、週の労働時間40時間から45時間の2割弱程度を確保する必要があるのがわかります。

2割というと週に5日働くと想定すると丸1日です。毎週1日は1on1に費やすというわけです。メンバー側からすると、定期的な1on1は週にたった1時間です。**しかし、プレイングマネジャー側からすると週に8時間、2割前後の時間を拘束されるわけです。**加えて、会議やミーティングがあるので、プレイングマネジャーが実業務を行う時間はかなり限られてきます。そうなるとプレイングの役割の実業務時間の減少は、成果に直結します。

ということで、1人当たりの時間を30分に変更することで解決しようとします。これで週当たりの時間のうち2割の8時間ではなく、1割程度の4時間になります。

ところが8人との**「日程の調整が難しい」**という問題が生じます。8人とのスケジュール調整は簡単ではありません。しかし、プレイングマネジャーを兼ねているリーダー、メンバーそれぞれが忙しいので、1on1のリスケジュールによる再調整が起きます。すると1on1の時間が1時間か30分かにかかわらず調整ができず、毎週実施するはずの1on1が流れてしまったりします。

1人のプレイングマネジャーが8人と1on1するのは大変なので、別のリーダーと4

人ずつ分担する解決策があります。これはうまくいく可能性が高いです。自分の代わりがいれば、「時間問題」は解決します。

ところが昨今の採用難では、それも期待薄です。

そこに「相性問題」と「能力問題」が拍車をかけるのです。

「定期的な1on1」の構造的問題❷

相性問題

相性問題とは、まさに**1on1を行うプレイングマネジャーとメンバーの相性がよいか悪いか**という話です。

毎週1時間（あるいは30分）定期的に時間を取るのです。相性がいいと、その時間になるのが楽しみです。**ところが逆に相性が悪いと、その時間は最悪です。**

「仕事だから相性なんて関係ない」と思う方もいるかもしれません。しかし、それは強者の論理でしょう。多くの人が職場の人間関係で苦しんでいます。人が退職する理由も職場での人間関係だったりします。

その人間関係の悪化を1on1が生み出す可能性があるのです。

「定期的な1on1」の構造的問題❸
力量問題

次は**「力量問題」**です。つまり、コーチ役であるプレイングマネジャーの能力の問題です。プレイングマネジャーとはいえ、この変化の大きな時代、すべての問題に対処できるわけではありません。

特に、プレイングマネジャーが、1on1のノウハウやOJTの方法論などを教えてもらわずに1on1を実施するとすれば、かなりの確率でうまくいきません。

人事が新人や異動者に一定期間の集合研修をして、その後は現場に丸投げするケースでは、よくこのような事態が起きがちです。人事から新しいメンバーを投げられた組長は、さらに若手社員に丸投げをするのです。**丸投げの連鎖**が起きていたりさえするのです。

「定期的な1on1」の構造的問題❹
形骸化問題

形骸化とは、**「内容や意義を失って、形だけが残った状態」**を指します。一般には何らかのルール（決まりごと）を作った後、本来の目的が見失われて、ただルールを維持することが目的になってしまうような状態が当てはまります。

1on1は、この形骸化になりがちです。

①時間、②相性、③能力問題が絡み合って、1on1は結果として形骸化していきます。

大別すると2種類の形骸化があります。

◎1on1を毎週実施するが、雑談をして終わりになるケース（雑談は極端だとしても、会話の中身がないケース）

◎実施頻度を「1週間に1度」から「月に1度」と頻度を少なくすることで、1on1の体裁だけ保つケース

一方、1on1の情報を1か所で収集している（つまり上部組織や管理部門が見える化できている）と、これらの2つの形骸化問題を発見できます。

ところが、1on1を口頭だけで実施していると問題の発覚が遅れてしまいます。報告書などで記録は残していても、報告内容が形式的な場合も同様に発覚が遅れます。例えば、「○月○日何時から××と1on1実施。内容は習慣の振り返り、アドバイスなど」といった記録をしているケースです。このような内容では、報告する意味もありませんし、問題も発覚できません。

このように定期的な1on1が内包する4つの弊害と4つの構造的な問題が絡み合って、1on1の意味をなくしていくのです。

上述のように、シリコンバレー発で日本に普及したせっかくの素晴らしい1on1の意味がなくなっているのです。本当に残念です。

繰り返しになりますが、1on1は、上手に実施すると有効な手法です。

ただし、それはかなり難しいのが事実です。

したがって、大物のやめる1番手として、「定期的な1on1」を思い切ってやめることをお勧めしたいのです。

とはいえ、上述した調査結果から見て取れるように、1on1は「上司と部下の関係性がよくなった」「部下のモチベーションが上がった」といったポジティブな側面もあります。

定期的な1on1をやめると、マネジャー自身の心理的な反発が起こるかもしれません。しかし、後述するグループコーチング（232〜235ページ参照）で1on1を代替することで、プレイングマネジャーの負担は劇的に軽減します。グループコーチングで現状把握したうえで、1on1に関しては定期的ではなく、必要に応じてテーマを決めて行えばよいのです。

詳しくは第5章で解説します。

「手間がかかる目標管理」をやめる

やめることをお勧めしたい2つ目は**「手間がかかる目標管理」**です。

多くの企業では「目標管理」に手間をかけています。手間がかかりすぎだと言っても過言ではありません。そんなに時間をかける必要があるのか、一度立ち止まって考えてみませんかというのが、ここでの問題提起です。

『NINE LIES ABOUT WORK 仕事に関する9つの嘘』（サンマーク出版）という本をご存じでしょうか。私たちが常識だと思ってやっていることが、実は生産性をかなり阻害していたという衝撃的な内容です。

9つの嘘のうち4つが「目標管理」「評価」「フィードバック」についてです。帯に書かれている部分を抜粋します。

ウソ＃2　「最高の計画」があれば勝てる

↓なら、特殊作戦部隊がゲリラに連敗したのはなぜ

ウソ＃3　最高の企業は「目標」を連鎖させる

↓ノルマがあるからダメになる

ウソ＃5　人は「フィードバック」を求めている

↓年長者たちが広めた怪説

ウソ＃6　人は「他人」を正しく評価できる

↓人事評価の疑わしい公平性・妥当性・正確性

ちなみにこの本は、最も影響力のある経営思想家に選出されたマーカス・バッキンガムとシスコ社のバイスプレジデントのアシュリー・グッドールが書いた本で、同社の人事データなどを駆使して結論を導いたものです。この本の主張がすべて正しいとは思いませんが、私たちの常識に疑問符をつけるきっかけにはなると思います。

前述した100人のプレイングマネジャーや専門家と対話して、現在の評価制度について考えてみました。その結果、以下の4つの誤解と4つの構造的問題があるという結論に達しました。

【目標管理の誤解＝時間をかけているわりに効果が限定的。しかも弊害が大きい】

誤解① 正確かつ公平に評価ができる

誤解② 成果は個人に分割できる

誤解③ 目標を高くすると業績が向上する

誤解④ インセンティブにより業績が向上する

【目標管理の構造的問題】

構造的問題① 低い評価でモチベーションが下がる

構造的問題② 達成率で評価する場合、目標を下げたくなる

構造的問題③　個人評価が中心になると育成をしなくなる

構造的問題④　部分最適な判断をしがちになる

それぞれポイントを見ていきたいと思います。

「評価制度」をめぐる4つの誤解

「評価制度」をめぐる誤解①
正確かつ公平に評価ができる

「正確かつ公平な評価制度」はかなり難しいと言わざるをえません。

理由は3つあります。

上述の「仕事に関する9つの嘘」に「人は他人を正しく評価できる」はウソであるとあります。ここには2つの理由が載っています。まずそれらについて説明します。

1つ目は、**評価ポイントが不明確であること**が多い点です。通常、MBO（目標管理制度）などでミッション設定をします。その際に数字で表すことができるものはまだ、達成度合いを評価しやすいケースもありますが、それ以外は曖昧《あいまい》であることが少なくありません。

2つ目は、**わかっていない人が評価する点**です。

与えられたミッションについては、メンバー本人の自己評価を経て、直属の上長であるプレイングマネジャーが評価し、その後、上司が評価するケースが一般的です。つまり3回評価を行った結果、評価が確定します。

一般的に「自分自身が経験したこと」は、比較的正しく評価できることがわかっています。ところが直属の上司であるプレイングマネジャーはともかくも、その上司はそのミッションについてわかっていないケースが少なくありません。

しかし、わかっていない上司のほうが、評価についての権限が高いのです。

最後の3つ目は、人事評価には**分布や相対での調整が入る点**です。

ある意味、これが正確に評価をすることを最も阻害していると言えるでしょう。

例えば、評価全体を正規分布にするために調整が入る、あるいは高評価の人数を一定数にするために調整が入るなどです。

これにより、正確でもなく公平でもない評価になるのです。

「評価制度」をめぐる誤解②
成果は個人に分割できる

リンゲルマン効果をご存じでしょうか。

「リンゲルマン効果」とは、フランスの農学者マクシミリアン・リンゲルマンによって提唱された理論で、集団で共同作業を行う際に起きる**「社会的手抜き」**のことを指します。具体的には、1人で作業をする場合と比べて、共同で作業を行う人数が増えると、1人当たりの生産性が低下してしまうという内容です。

よく例に出されるのは、綱引きです。チームの人数が増えるほど1人当たりの出力が減少していくことを明らかにしています。実験結果によれば、1人当たりの出力は「2人になると93%」ですが、「3人になると85%」「4人になると77%」「5人になると70%」にまで低下してしまうことがわかりました。

だからというわけではないですが、個人ごとにミッションを分割して、個人成果を明確にしようとする企業が多いです。

しかし、実際の仕事は綱引きのように同じ業務（綱を引っ張る）をしているわけではありません。別々の役割で分業、協業しています。ですので、万が一手抜きをした場合、どの役割が原因なのかがわかります。

だから、リンゲルマン効果は起きにくいのです。

ところが、成果を分割すると、全体では弊害が出るケースが多いのです。

実際の仕事は、Aさん↓Bさん↓Cさん↓Dさんと仕事を渡していく仕事が多いでしょう。

例えば集客担当のAさん↓ナーチャリング担当のBさん↓営業担当のCさん↓カスタマーサクセスのDさんといった具合です。その際に、成果を分割（して評価したいので）、Aさんには「集客目標」、Bさんには「商談設定目標」、Cさんには「受注目標」、Dさんには「納品目標」と別々の成果目標を設定します。

すると何が起きるでしょうか？

Aさんは「集客目標」達成のために商談や受注にはなりにくいかもしれないけれど、集客しやすい活動をするかもしれません。

Bさんは「商談設定目標」達成のために、受注にはなりにくいかもしれないけれど、商談を設定しやすい役職の人との商談設定に注力するかもしれません。

Cさんは「受注目標」達成のために、納品しにくいかもしれないけれど、受注しやすい顧客対応に注力するかもしれません。

その結果、それらのひずみはすべてカスタマーサクセスのDさんにしわ寄せが来るのです。Dさんも「納品目標」達成のために、さまざまな例外的な対応をするかもしれません。

これらの結果、Aさん、Bさん、Cさん、Dさんの関係性はどんどん悪くなっていきます。そもそもチーム全体で挙げている分割できない「業績」を、無理やり分割している結果、このような弊害が起きるのです。

「評価制度」をめぐる誤解③
目標を高くすると業績が向上する

目標を高く設定することは一見よさそうに思えますが、実際には多くの弊害があります。さまざまな研究結果から、以下のことがわかっています。

一般的には、「適切に設定」され、「具体的」で「挑戦的」な目標は、高い成果を生む傾向があります。しかし、目標設定が逆効果を招く場合もあります。その効果は、目標の「適切性」や「現実性」、「従業員の受け入れ度合い」に依存します。

高い目標設定が必ずしも高い成果を保証するわけではなく、その実行方法と環境が重要です。

また、目標が「達成不可能なほど高すぎる」場合や「適切な支援やリソースが不足」している場合には逆効果を招く可能性があります。

目標設定が「一方的」であったり、「過度に高すぎ」たり、「従業員の自律性を損なう」ものであったりする場合、パフォーマンスの低下やモチベーションの低下を引き起こすことがあります。

効果的な目標設定のためには、従業員との「協議や合意」、現実的かつ挑戦的な目標設定、そして従業員の「自律性を尊重するアプローチ」が重要です。これらの要素が欠けると、目標設定が逆効果となり、成果が上がらない可能性があります。

「評価制度」をめぐる誤解④
インセンティブにより業績が向上する

インセンティブを付与することは業績向上の有効な手段と考えられがちですが、実際にはさまざまな要因が関係します。

この点もあらゆる研究結果から、以下のことがわかっています。

一般的には、「適切に設計」された「金銭的」および「非金銭的」なインセンティブは、業績向上に寄与する傾向があります。

しかし、インセンティブが逆効果を招く場合もあります。その効果は、インセンティブの「適切性」や「実行方法」、「従業員の受け入れ度合い」に依存します。インセンティブ付与が必ずしも業績向上を保証するわけではなく、そのデザインと適用方法が重要です。

また、インセンティブが「過度に強調」された場合や「不適切に設計」された場合には逆効果を招く可能性があります。インセンティブが「一方的」であったり、「従業員の内発的動機を損なう」ものであったりする場合、パフォーマンスの低下やモチベーションの低下を引き起こすことがあります。

効果的なインセンティブ制度のためには、従業員との「協議や合意」、適切な金銭的および非金銭的インセンティブの設計、そして従業員の「自律性を尊重するアプローチ」が重要です。これらの要素が欠けると、インセンティブ制度が逆効果となり、業績が向上しない可能性があります。

「評価制度」をめぐる4つの構造的問題

「評価制度」をめぐる構造的問題①
――低い評価でモチベーションが下がる

この問題が起きる原因は、評価プロセスや基準の「透明性」と「公平性」が欠如していることが多いためです。ミッション提示時点での評価基準が曖昧であったりすると、従業員は自分の努力が正当に評価されていないと感じます。

例えば、ある大手企業では、評価のフィードバックが不十分であったり、改善のための具体的なアドバイスが提供されなかったりしたため、評価フィードバック後に問題となりました。

この企業では、評価プロセスが一部の管理職の主観に依存しており、従業員がなぜ低

い評価を受けたのか理解できずにモチベーションが低下するケースが多発しました。結果として、従業員は自分がどのようにして業績を向上させるべきかがわからず、長期的な「パフォーマンスの低下」につながりました。

「評価制度」をめぐる構造的問題②
達成率で評価する場合、目標を下げたくなる

この問題の原因は、評価基準が目標の「達成度」にのみ焦点を当てていることにあります。目標の達成度だけで評価される場合、従業員はリスクを避け、確実に達成できる「低い目標」を設定しようとします。

例えば、あるソフトウェア開発会社では、プロジェクトの成功率でボーナスが決まるため、開発チームは挑戦的な機能の実装を避け、保守的な目標を設定する傾向がありました。

これは、評価が達成度のみを重視することで、挑戦的な目標を設定するインセンティブが減少するためです。結果として、従業員は保守的な目標を選びがちになり、企業全体の「イノベーション」が停滞することになりました。

「評価制度」をめぐる構造的問題③
個人評価が中心になると育成をしなくなる

個人評価が中心になると、短期的な成果に焦点が当たり、長期的な「スキル開発」や「キャリア育成」が軽視される傾向があります。この問題の根本原因は、組織が「短期的な業績指標」を優先し、従業員の継続的な成長や学習を評価基準に含めていないことです。

例えば、ある金融機関では、営業成績が主要な評価基準となっており、従業員の育成よりも即時の業績に焦点が当てられていました。

その結果、管理職は短期的な成果を求める圧力を受け、従業員の育成よりも売上目標の達成に注力するようになりました。これにより、従業員の「長期的な成長」が阻害され、組織全体の「スキルレベルの向上」が停滞しました。

「評価制度」をめぐる構造的問題④
部分最適な判断をしがちになる

部分最適な判断が起きる原因は、個人や部門ごとの目標が「組織全体の戦略」と整合性を持っていないことです。各部門や個人が自分たちの目標を優先するあまり、全体の視点を見失いがちになります。

例えば、ある製造業の企業では、製品開発部門と販売部門の目標が異なり、互いに競争する状況が生まれました。製品開発部門は技術革新を優先し、高品質な製品を開発することに注力していましたが、販売部門はコスト削減と短期的な売上向上を目指していました。このような目標の不整合は、部門間での競争や衝突を生じさせ、全体としての「効率性」や「効果」を低下させます。

これら4つの誤解と4つの構造的問題のひずみが、目標管理の査定のフィードバック時に起きがちです。

マネジャーの心労の最も大きいものが査定のフィードバックのタイミングです。半年に一度、あるいは年に一度の評価のタイミングに、プレイングマネジャーは、メンバーとの1on1あるいは査定会議や上司や人事とのすり合わせ面談などで多くの時間を取られます。

このように時間をかけてまで実施するほど「手間がかかる目標管理」には、はたして意味があるのでしょうか。まずは「手間がかかる目標管理」をやめることをお勧めします。

期末、期初の手間がかかる目標管理をやめて、さらには3か月から半年に1回評価するのではなく、後述するG-POP®シート（219〜225ページ参照）で毎週評価することで、プレイングマネジャーの負担を大幅に減らすことができます（海外では毎週このようなことをしている例もあります）。

詳しくは、第5章で解説します。

会議は3種類を使い分ける

「やめる」というテーマで次に考えるべきは「会議」です。

「会議」と「やめる」という話をすると、会議の「回数を減らす」「時間を減らす」「参加者を減らす」という話が頭に浮かぶかもしれません。これらもぜひ、実行するとよいでしょう。

会議は「リアル」「オンライン」「チャット」の3パターンを活用する

詳しくは後述しますが、プレイングマネジャーの負担を軽減するためには、リアル会議、オンライン会議、チャット会議を組み合わせて、できる限り「リアル会議」を減らすのがお勧めです。

◎リアル会議＝実際（リアル）に会議室などで会って実施する会議
◎オンライン会議＝ZOOMなどのオンライン会議システムを使って実施する会議
◎チャット会議＝slackやTeamsなどビジネスチャットを使ってテキストなどで実施する会議

「リアル会議」は、場所と時間の制約があります。制約とは、それらを合わせないといけないということです。リアル会議では、指定された時間と場所に全員が集まる必要があります。さらには移動時間の分だけ、時間を消費することになります。

それを「オンライン会議」に切り替えることで、時間の制約だけに減らすことができます。指定された場所に集まらなくて済むので、移動時間分だけ新たな時間を生み出すことができます。

さらに、「チャット会議」にできると、時間と場所の制約もなくなります。空き時間で対応できるようになるので、「オンライン」会議の前後の待ち時間分だけ新たに時間を生み出すことができます。

もちろん、「リアル」会議には「リアル」でしかできないということもあるかもしれません。会議ではありませんが、飲み会などはその典型でしょう。

リアル会議を全部なくすという極端な話でもなく、何でもリアル会議にするのでもなく、オンライン会議とチャット会議を組み合わせることを基本としながら、本当に必要なときにのみ「リアル会議」を行うことで、新たな時間を生み出すことをお勧めしたいのです。

私は、20年くらい前からオンライン会議とチャット会議を活用してきたので、ほとんどの会議はこれらの組み合わせでできることを体感しています。

会議の生産性向上のためにやめるべき7つのこと

今から詳しく紹介したいのは、これら3種類の会議に共通して「やめる」とよい7つのことです。私は仕事柄、あらゆる企業の会議に参加するのですが、これら7つの「やめる」を実行できている会社は極めて稀《まれ》だと感じています。

つまり、改善できる余地が多いのです。

紹介するのは以下の7つです。

①全員の腹落ち（コンセンサス・同意）が重要だという考え方をやめる

②資料やデータがないと決められないという考え方をやめる

③「今日決めないという選択肢もある」という考え方をやめる

④思いつきでメンバーに意見を求めるのをやめる
⑤会議で資料を説明するのをやめる
⑥問題を解決するのをやめる
⑦「会議は必ずリアル会議でなければならない」という考え方をやめる

普通に考えると、会議参加者のコンセンサス（合意）は重要だと思いますよね。また、資料やデータもなく意思決定してはいけないはずだし、参加メンバーに意見を求めることも大事です。会議のプレゼンも重要です。アニメーションを工夫をしたり、事前練習したりします。最後に、問題解決をすることは間違いなく大事だと思っているはずです。あるいは「会議はリアル開催のほうが生産性が高い」と思い込んでいるかもしれません。

しかし、今日からこれらを「やめるべき」という話をします。この7つをやめることで、会議の生産性は著しく向上します。

では、1つずつポイントを説明していきましょう。

会議でやめる①全員の腹落ち（コンセンサス・同意）が重要だという考え方をやめる

日本の会議ではコンセンサス（合意）や腹落ちを重要視する傾向があります。

とある企業では「まだ、腹落ちしていません」などの会話が出て、結論を次回に持ち越しすることがあります。その結果、何度も何度も会議をして、最終的に全員が「腹落ち」できると、「いい会議だった」という発言が出ることもあります。

そのような企業では「腹落ちしていないのでできません」という発言がまかり通ったりすることもあります。悪質なのは、会議では「腹落ちしていない」と発言せずに、他の場所で「（合意できないとは言えないが）、本当は腹落ちしてないので、決定には従わない」という行為が許されていたりするケースもあります。

つまり、表面的には腹落ちしているふうを装い、実行しないのです。私はこれをAgree But Non-commitment（同意するが実行しない）と呼んで、最も忌み嫌っています。

そもそも全員がコンセンサスを得られる案件は「簡単なこと」であるケースが多いです。参加者の知識や経験、あるいはその議題に関しての事前準備も異なります。難しいテーマに対して、コンセンサスが得られることのほうが不思議なのです。

――スパイの手口をヒントに組織崩壊を防ぐ

『サボタージュマニュアル』をご存じでしょうか。

ＣＩＡの前身組織ＯＳＳ（戦略諜報局《ちょうほうきょく》）が第二次世界大戦中に作成したとされる、組織の生産性を低下させて内部崩壊させるためのスパイ用マニュアルです。２０１２年頃にＣＩＡにより一般公開され、２０１５年の書籍化によって大衆の目に触れることとなったものです。

全部で11項目あるのですが、その5番目に**「何事も指揮命令系統を厳守し、意思決定を早める『抜け道』を決して許すな」**とあります。

日本企業にいると、ここに書かれている内容にうっかり同意する人もいるかもしれません。順に決裁者から承認を得るのは当たり前だという考え方です。

日本の組織では、階層が何層にもなっているケースがあります。しかも上司がどう思うかを考える管理職も少なくありません。その結果「すべての決裁者のコンセンサス」が必要であるとすれば、意思決定を早められない、つまり生産性を下げることができるというわけです。

では、どうすればよいのか。

それは**「決め方を決めておく」**が正解です。

具体的には、時間を決めて、最終的には会議の主催者（議長）が決めるというルールにすればよいのです。そのために、会議ごとに議長が誰かを決めておきます。議長という役割を、会議の進行をすればよいだけの仕事にとどまりません。ＡかＢか決めるのが難しいことを判断するのも議長の役割にすればよいのです。

したがって議長は、「議論が紛糾したから、次回まで持ち越す」と決めるのではなく、限られた情報で決められるように訓練しなければいけません。

「多数決で決める」は最悪の決定方法

私は、物事の決め方の中で、**多数決が最悪の決定方法**だと思っています。

もちろん会社法上、議決権が多いほう（つまり多数決）が決めることができるのは、法律なので従うしかありません。

しかし、多数決で負けた側は、プライドは傷つき、不本意なことをしなければいけません。「民主主義の決め方は多数決が最適だ」というのは間違った認識です。上述のように、対話をきちんとして、議長が決めるのが極めて合理的であり民主的ではないでしょうか。

私がいたリクルートという会社に、若くして取締役になられたTさんという方がいました。その方は、部下たちに活発に議論をさせるのがとても上手でした。そして議長として方針を決めるのも上手でした。

あるときAさんとBさんの意見が対立していました。他の参加者も、それぞれの意見について自分なりの意見を発信しました。議論が十分出尽くした後で、Tさんはこう切り出したのです。

「Aさん、Bさんそれぞれの意見はその通りだと思う。十分意見が出た中で、決着がつかなかったが、方針を今この場で出さないといけない。今回は、Bさんの意見でいきたいと思う。Aさん、いろいろ思いはあると思うが、Bさんの意見がうまくいくように手伝ってほしい」

そして、Tさんは「よろしく頼む」と、Aさんに頭を下げたのです。

上司に頭を下げられたAさんは、「わかりました。Bさんの意見を全力で支援します」と言い、実際にそうしました。

会議でやめる②「資料やデータがないと決められない」という考え方をやめる

資料やデータは重要です。意思決定を支援してくれます。

しかし、資料やデータを集めるのには時間とコストがかかります。したがって、どのような場合には資料やデータが必要で、どのような場合には資料やデータが限られていても意思決定できるのかを明確にする必要があります。

「1 way Door」と「2 Way Door」のどちらかを判断する

アマゾンでは「1 way Door」と「2 Way Door」という考え方があります。

何か意思決定をする際、隣の部屋に行くことをイメージしてください。

1 way Doorとは、隣の部屋に行くと一方通行で戻ることができない意思決定のケースのたとえです。大きな投資が必要な、例えば新たなデータセンターや大型倉庫を作る場合がそれに当たります。一方の2 Way Doorは、隣の部屋に入る扉と元の部屋に戻ってくる扉の2枚がある投資です。少額の投資や、やめることが容易な意思決定です。

1 way Doorの意思決定であれば、十分な資料やデータが必要です。しかし、2 Way Doorの場合は、資料やデータなどが限られていても、すぐに意思決定、そして実行することが求められます。

ちなみに前述の『サボタージュマニュアル』では次の行為を実行することで生産性を下げることができるとあります。

◎何かを決定するときは会議を開き、なるべく5人以上集めよ
◎もっともらしくペーパーワークを増やせ

自社で、2 Way Doorの案件にもかかわらず、多くの資料やデータを求めているとするならば、組織の生産性を下げ、崩壊に向かっているかもしれません。これらのデータや資料作成をプレイングマネジャーが担っていたとするならば、ぜひ取り除きましょう。

会議でやめる③「今日決めないという選択肢もある」という考え方をやめる

会議のアジェンダ（議題）は次の4種類に分類できます。今日の会議がどのアジェンダなのか、事前に必ず確認することがとても重要です。

①発散：プロジェクトの最初の段階で、できる限り情報収集し、アイデアなどを広げる
②収束：十分に広がったアイデアを具現化するために絞っていく
③決定：実際に実行するアイデアを決定する
④報告：決まったアイデアを関係者に共有し、実行を促す

会議の生産性を下げたいなら、この4種類のアジェンダを曖昧にすればよいのです。

「①発散」のタイミングで、十分にアイデアを拡げておかなければ、「③決定」「④報告」

で問題が発覚し、最悪の場合、振り出しに戻って、もう一度最初から検討しなければいけなくなります。

「②収束」のタイミングで、判断を行う「判断軸」を明確にしておかないと、これも最悪です。改めて再検討しなければいけなくなります。

「④報告」のタイミングで、「決まったことである」と伝えないと、不必要な議論が起きて、会議が紛糾するケースがあります。

「③決定」の場面で、決められなくて何度も会議をするケースが散見されます。

この「決定」を阻害する内容についても、上述の『サボタージュマニュアル』には多くの記載があります。決定を阻害することで、組織の生産性を下げ、崩壊に導けるというわけです。

したがって逆に、**「何があっても即断即決=今日決める」というマインドを持つことが重要です。**

『サボタージュマニュアル』にある「決定」関係の記述は、下記のようになっています。

◎何事にも早急な決断を避け、慎重に行動すべきと提言せよ。

◎何かを決定するときは会議を開き、なるべく5人以上集めよ。
◎何事も指揮命令系統を厳守し、意思決定を早める「抜け道」を決して許すな。
◎あらゆる決定の妥当性を問え。その決定が本当に自分たちの権限内なのか、上層部の判断を仰がなくてよいのかなどを常に指摘せよ。
◎前回の会議で決まったことを蒸し返し、再検討せよ。
◎業務の承認手続きを多重化せよ。1人で承認できる事項でも3人の承認を必須《ひっす》とせよ。
◎すべての規則を隅々まで厳格に適用せよ。

読者のみなさんの会社の会議で上記の項目に該当するものがあれば、組織崩壊を避けるためにも、ぜひ見直しをお勧めします。

――アイリスオーヤマの「10分プレゼン会議」

最近、新製品を次々に生み出しているアイリス・オーヤマの大山健太郎会長の著書『いかなる時代環境でも利益を出す仕組み』（日経BP）を読みました。この本に、同社で毎週1回実施している（新商品提案の）プレゼン会議についての記載がありました。

同社は、新製品の売上比率を50％以上にすると決めています。それを実現するための仕組みとして、この毎週の「プレゼン会議」があるそうです。

毎週1回のプレゼン会議には、全部署のキーパーソンが集まります。欠席は厳禁だそうです。そこで10分のプレゼンで即決します。つまり、情報と決済を全部署のキーパーソンに見える化しているわけです。

これを大山会長が自ら決めるそうです。限られた情報、データで、議長が決める。まさに、上述した会議の重要ポイントを実践しているのです。

また、ここで決め方と判断軸を全部署のキーパーソンと共有しているので、大山健太郎さんからの社長交代の際にも、この重要業務を引き継ぐのも容易にできたそうです。

会議でやめる④思いつきでメンバーに意見を求めるのをやめる

会議の活性化の話をすると、「自分のメンバーからは発言が出ないので、活性化など無理だ」というマネジャーがいます。そのようなマネジャーの大半は、会議の場でメンバーに対して思いつきで意見を求めがちだったりします。

メンバーの中には、準備もせずにその場で発言できる人もいるかもしれません。しかし、それは少数です。

会議の場で急に発言を求められて発言できないメンバーは、発言できないので恥ずかしい思いをし、なおかつマネジャーは「うちのメンバーは意見がない」とその人たちに対してがっかりした顔や馬鹿にした顔をしがちです。その結果、メンバーは嫌な気分になり、やる気が低下するのです。

では、どうすればよいのでしょうか？

対処法はシンプルです。**事前にメンバーに「考える時間」を与えればいいのです。**

会議の4種類のアジェンダ（議題）を事前に明確にする効能について前節で解説しました。これに加えて、参加者に何を準備してほしいのかを伝えます。

例えば「発散」が目的のアジェンダに対しては、意見を準備してもらう。「収束」であれば、どの選択肢がよいのか意見を考えておいてもらいます。「決定」であれば、どの案を採用するか、自分の意見とリスク予測とその予防策について準備しておいてもらいます。そして、可能な限り、その準備を文章にしておいてもらいます。

マネジャーは、その文章の内容を事前に確認して、誰に発言をしてもらうのかを考えればよいのです。

最初は、全員が文章にできないケースもあるかもしれません。

どんなことでも0→1が大変です。1人でも、少しでも記載してくれたら、その小さな変化を見つけて、承認し続ける。

メンバーに要望・承認し続ければ、みんな記載できるようになります。

こうやって会議を通じてメンバーを育成することは、チームを活性化する最も効果的な方法です。

会議でやめる⑤
会議で資料を説明するのをやめる

会議の時間を測定すれば、何に時間がかかっているのか即座にわかります。それは資料の説明、つまりプレゼンテーションの時間です。

ある議題に30分の時間を予定していても、20分間がプレゼンで、質疑応答が10分しかない。説明の時間が長い。そんなケースが多いのではないでしょうか。

つまり、資料を説明する時間をなくすことができれば、会議の時間を減らすことができるのです。もっというと、より重要な質疑応答の時間を増やすことにつながります。

これを実現するには2つのやり方があります。

会議の生産性を上げる「事前審議」のやり方

1つは、私のいたリクルートグループで実施していた方法です。

それは、会議当日ではなく、参加者が**「事前審議」**を行うという方法です。

参加者は、以下の2つの作業をチャットシステム（slack など）でします。

①事前に資料を読む

②事前に審議（承認・否認・保留＋質問のどれかを決定する）を行う

この結果、参加者全員が「承認」あるいは「否認」であった場合、会議当日は確認だけで終わらせます。議論はしません。「保留＋質問」がある場合は、起案者が会議までに質問に回答します。これらを実行することで、会議の大半の案件はプレゼンをしなくても済むようになります。

【参考記事】
あなたの会社の会議がイケてないのは経営会議が原因だ——すごい会議の仕組みとは
https://www.businessinsider.jp/post-162518

——質問が出ない「アマゾンの意思決定会議」

もう1つはアマゾンの**意思決定会議**です。同社もプレゼンはしません。

起案者はアジェンダのゴールを説明し、会議終了後の状態を共有します。そして、参加者は最大15分で配布資料を黙読します。そして、黙読後に起案者は質問を受け付けます。疑問や懸念がなければ「承認」を意味します。

同社が考える最高の会議は、「質問が出ない会議」だそうです。

これを実現するには、起案者には「読めばわかる資料」を作成する能力と同時に、参加者には「読むだけでわかる」能力が必要になります。

会議でやめる⑥
問題を解決するのをやめる

これは、会議の議題を重要なものに絞る方法です。

それは**「問題解決」をやめて、「課題解決」だけを実行する**というやり方です。

一般的には同じような意味で使われていることが多い「問題」と「課題」。私は、この2つを厳密に使い分けています。

◎**「問題」とは「もやもや」、「気がかり」なこと**

◎**「課題」とは放置しておくとゴール（目的）達成を阻害すること**

「問題」ではなく、「課題」こそが解決すべきことです。

例えば、体調がよくない場合をイメージしてください。

頭が痛い、喉《のど》が痛い、寒気がするなどの症状が出ているとします。

【「問題解決」とは？】

◎頭が痛いので、冷却ジェルシートを額に貼る
◎喉が痛いので、のど飴《あめ》を舐《な》める
◎寒いので、カイロを貼る

これらはそれぞれを個別に解決する、いわば対症療法です。

短期的には問題は解消するかもしれませんが、再発する可能性があります。

これをどう考えるかです。毎回毎回ずっとモグラたたきのように、問題解決をし続けるという選択肢はあります。

しかし、もしも健康（頭や喉が痛くなったり、寒気がしないこと）をゴールとして置くならば、解決策が異なると思うのです。例えば、睡眠、食事、運動などの生活習慣を見直すことがポイントになります。これが**「課題」を解決すること**です。

ビジネスでも同じです。

顧客が「値段が高い」と言えば、値引きをする。あるいはサービスを付加する。何か問題があれば、内容に関係なく謝罪する。あるいは接待をする。

逆に自分が顧客の立場の場合は、取引先にこれらを要望するなど、対症療法で解決しようとしていたら、もっと「課題」を解決をすることを考えてみましょう。

もし安定的に「売上」を上げ続けるのをゴールとするならば、顧客が解決したいことや、継続利用している理由に着目して、顧客満足度を高め、離脱率を下げたり、継続率を高めることが必要です。

これが真の「課題」を解決することにつながります。

しかし、ついつい目の前にある「もやもや」「気がかり」な問題を解決をしたくなります。それをしないためには、まず「問題」を把握する。そして次に「課題化する」という2つのステップを作るのがお勧めです。

――問題を「課題化」するステップ

具体的な方法は次のステップです。

ステップ①　全メンバーに日ごろ気になる問題（もやもや、気になること）をスプレッドシートなどに記載してもらう。

例：番号―記入日―大分類―小分類―記入者―タイトル―内容―補足

ステップ②　定期的（1週間〜1か月に1回）に仕分けをして、課題化する。

課題化する際のポイントは次の1点です。

課題化のポイント＝ゴールの達成を阻害しているかどうか

ゴールを阻害する「課題」は解決が必要です。

しかし一方で、そうではない「問題」は放置すればよいのです。

例えば、企業にとって「人が辞める」のは「もやもや」します。なんだか「気がかり」でもあります。では、必ずしもこのもやもやした「問題」は今すぐに解決しなければいけないでしょうか？

企業がリストラをしている理由がダウンサイジングというゴールであれば、放置できます。あるいは、自社にマッチしない人材だけが辞めているのであれば、これも放置していいでしょう（もちろん、自社にマッチしない人を採用してしまっていることは別の「問題」であり、ゴールによっては、解決しないといけない「課題」かもしれません）。

つまり、問題が見つかったとしても、すぐに問題を解決しなければいけないわけではないということです。問題を集めて、その問題から解決すべき課題だけを解決するという考え方です。

多くの会議において「問題解決」は、実は、不要な作業なのです。

会議でやめる⑦必ずリアル会議でなければならないという考え方をやめる

ここ数年、一気にリモートでの仕事が広がりました。

上述した以下の3つの分類で言うと、オンライン会議、チャット会議の経験者が増えました。

◎リアル会議＝実際（リアル）ににに会議室などで会って実施する会議
◎オンライン会議＝ZOOMなどのオンライン会議システムを使って実施する会議
◎チャット会議＝slackやTeamsなどビジネスチャットを使ってテキストなどで実施する会議

ところが、「やっぱり会議はリアルがいいよね」と、必ずリアル会議を復活させようとする会社も少なくありません。

結論から言うと、この3つの会議を組み合わせるのが正解であることを理解してほしいのです。そして、その組み合わせは、次のように考えます。

①チャット会議でできることは、できる限りチャット会議で実施する。

②①でできないことをオンライン会議で実施する。

③①②でできないことをリアル会議で実施する。

ただ、まだまだリアル会議で実施することを前提に考えて、その補助手段としてオンライン会議やチャット会議を使うという順番の会社が多いようです。

この順番を逆転させるのが生産性向上のカギです。

リアル会議には制約があります。制約とは「場所」と「時間」です。

制約がないということは、制約がある弱者に優しいといえます。制約がある弱者とは、例えば以下のような人たちです。

◎遠隔地に住んでいる「場所の制約」がある人
◎子育てや介護で「時間の制約」がある人
◎障害があり、「移動（場所）の制約」がある人

このような人たちが、リアル会議に参加するのは大変です。もちろんリアルでないとできないことであれば参加する意味があるのですが、オンラインでできることであれば、そのほうが助かるのは言うまでもありません。

本社の近くに住んでいて、必ず出社する人にとっては、リアル会議の大変さはわかりません。つまり、そのような人たちは、相対的に「強者」なのです。

また、オンライン会議やチャット会議にはリアル会議にはない最大の利点があります。それは、会議の様子を録画したり、テキスト情報をストックできることです。

一方のリアル会議は（議事録などを作るケースはありますが）、情報が流れていってしまいます。つまり、情報がフロー状態です。

情報をストックすることができれば、新しくその組織に入った人たちへの情報共有も容易です。

その意味では制約ある弱者とは、リアル会議に参加していなかった異動者、転職者、新入社員なども当てはまります。

リアル会議は、その場に参加できる強者にとっては理想的かもしれません。しかし、これからの高齢化社会の時代、自宅で介護をする人はどんどん増えます。外国に住んでいる人との仕事も増えるかもしれません。仕事を掛け持ちする人たちも増えてきます。そして、世界的なパンデミックが起こる可能性も高いでしょう（新たな感染症の起きる間隔は短くなってきています）。

ぜひ、「会議はリアルでなければならない」という前提を捨て、チャット会議、オンライン会議を積極的に活用しながら、それらでできないことをリアル会議で実施するようにしてください。

プレイングマネジャーが6つの圧力で困っている状況を打破するために、**「定期的な1on1」「手間をかけている評価制度」**をやめることを提案しました。さらには会議でやめるべき7つのことを解説しました。これらをやめることができれば、大きなインパクトがあります。

しかし、すでに会社の制度や仕組みになっているケースもあるでしょう。その場合、正攻法で「やめる」には、現場のプレイングマネジャーだけではできない可能性があります。その場合は、ぜひ、自分の上司や人事、そして経営を巻き込んで、1日でも早く「やめる」を実現してください。

会社全体で「やめる」のが難しいとしても、自分のチームや組織だけでも「定期的な1on1」と「手間をかけている評価制度」にかける時間を減らしてみることをお勧めします。

そして、最後にふれた会議についての7つの「やめる」は、自組織だけでできます。ぜひ、実行して、新たな時間を生み出すと同時に、組織の生産性を高めてください。

第4章

プレイングマネジャーの仕事を「絞る」

なぜ、「絞る」のか？

「やめる」の次は、「絞る」です。

「やめる」のステップですでに成果は出ているのですが、さらに対象を「絞る」ことで、チームの生産性（ROI）を高くします。

ただし、あなたのチームに経営資源（人・モノ・カネ・情報）が潤沢にあれば、「絞る」必要はありません。しかし、そのようなチームは一部の大企業の、さらに一部のチームに限られます。私自身、見たことがありませんし、自分自身が会社勤めをしているときに、潤沢な経営資源があるチームを担当したことはありません。

つまり、世の中の大半のチームは、限られた経営資源で事業目標達成を目指しています。そのしわ寄せがプレイングマネジャーに来ているとも言えるでしょう。

そこでやるべきは「コト」や「ヒト」の対象を「絞る」ことです。それによって新たな時間を生み出します。

ちなみに、ここで言う「絞る」は、私だけの専売特許ではありません。マネジメントの大家や素晴らしい企業を作った経営者も「絞ること」の重要性を説いています。

まず、彼ら先人たちが語る「絞る」重要性について紹介したいと思います。

成功のためには1点の強みに集中して卓越する

多くの日本の経営者が師事するP・F・ドラッカーの言葉を紹介したいと思います。

ドラッカーは、アメリカの経営学者で、「マネジメントの父」と呼ばれ、現在の企業経営論の基盤を作った人です。

ドラッカーは、著書『マネジメント 基本と原則』（ダイヤモンド社）でマネジメントについて12の金言を紹介しています。

金言1　マネジメントは人のこと

金言2　人が成果を上げるのは強みによってのみ

金言3　強みは当然とできるもので気づかない
金言4　他社との比較で自社の強みを見つけ出す
金言5　成功のためには1点の強みに集中して卓越する
金言6　組織目的は、人の強みを爆発させ、弱みを無くす事
金言7　凡人が非凡な働きができる組織が目指すべき組織
金言8　人こそが最大の資源
金言9　メンバーが相互に尊敬される組織風土を築く
金言10　部分を合わせたものより、全体の総和で成果を生む
金言11　マネジメントは権力ではなく、人を活かす責任
金言12　部下の弱みを見るものは、マネジャー失格

すべて、マネジメントについての金言ですね。これらを意識して組織運営をすれば、きっとよい成果が出るはずです。

5つ目の金言に今回のテーマである「絞る」について言及があります。

「絞る」ことでチームの生産性（ROI）を高める

生産性ROIを考える際に仕事を、期待される成果(R)と必要な投入量(I)の２軸で分類してみると分かりやすい

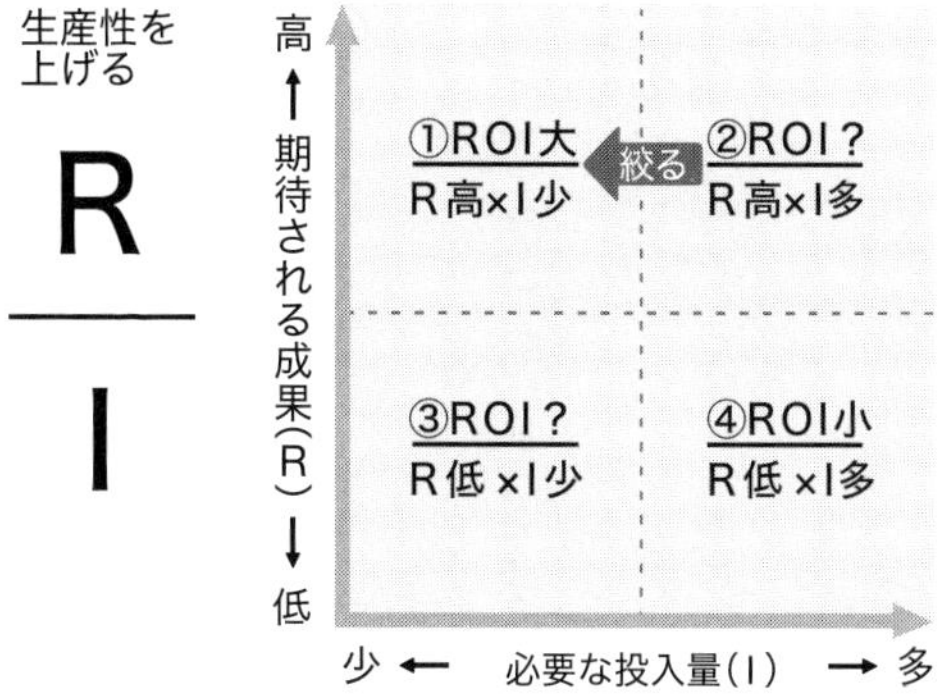

「成功のためには1点の強みに集中して卓越する」

1点の強みに集中する。「絞る」ことが重要だと言っています。そして、その「強み」を卓越するレベルにまで持って行くことが成功の要諦《ようてい》だと言っています。「絞る」重要性は、これだけで十分伝わったのではないでしょうか。

これらの12の金言は、成果を上げるための「強み」の見つけ方、そして活用の仕方についても言及しています。

せっかくなので、これについても確認しておきましょう。

というのも、ここで言う「成果」とは、

今までたびたび触れている生産性のＲＯＩ（Return On Investment　投資対効果）の分子であるＲの話だからです。

ＲＯＩは「Ｒ：成果」を「Ｉ：投資」で割った分数です。ですので、分母であるＩが同じ値だったとしても、分子であるＲを大きくできれば、ＲＯＩの値は大きくなり、生産性は向上します。

だから、Ｒを大きくする方法を知っておくのは重要です。

「強み」を見つける方法

金言2～4を見ていくと、面白いことがわかります。

金言２　人が成果を上げるのは強みによってのみ
↓
金言４　他社との比較で自社の強みを見つけ出す
↓

金言3　強みは当然とできるもので気づかない

成果を上げるのは強みによってのみであり、その強みは他社との比較、つまり相対的であると言及しています。しかも、「強みは当然とできるもので気づかない」とあります。

この「(やっている本人が) 当然とできるもので (本人は) 気づかない」というのが重要なポイントであり、「強み」を見つけるのが難しい理由です。

第2章でジョハリの窓について触れました。自分では気づかない特徴を他人は気づいている「盲点の窓」があるという話をしました。これは「強み」も同じです。本人は当たり前にやっているので、それが成果を生み出す「強み」だと気づかないのです。

だから、「強み」を見つけるには、当事者にヒアリングするだけではわかりません。当事者にとっては当然すぎて気づかないからです。

ではどうすればよいのでしょうか？

何かと比較して分析する必要があります。私は**ハイパフォーマ (高業績者)** と**ミドルパフォーマ (平均業績者)** を比較することをお勧めしています。

両者の実施している手順を比較し、丁寧に分析すると、順番や内容、そして実施目的が異なっていることに気づくでしょう。その違いが「強み」の源泉です。

カイゼン活動で利用するＥＣＲＳ（イクルス＝「Eliminate（排除）」「Combine（結合）」「Rearrange（入れ替え）」「Simplify（簡素化）」）が比較の際の観点で有効です。ハイパフォーマとミドルパフォーマを比較する際にECRSの観点を活用して、以下の４つを確認します。

①両者の手順の有無に違いはないか。ハイパフォーマ、ミドルパフォーマのどちらかは実施しているが、どちらかはやっていない。つまり排除（ＥＣＲＳのＥ）していないかを確認する。

②両者の手順数に違いがないか。これはＥＣＲＳのＳやＣの観点で確認する。

③両者の手順の順番に違いはないか。これはＥＣＲＳのＲの観点で確認する。

④両者の手順の内容に違いがないか。これはＥＣＲＳのＣやＥの観点で確認する。

これら①〜④の観点で確認をすれば、両者の違いが明確になります。

その違いこそが「強み」です。

「強み」が見つかったら、ドラッカーの金言7の出番です。

金言7　凡人が非凡な働きができる組織が目指すべき組織

凡人が非凡な働き、つまり「強み」を発揮できるように「仕組み化」します。

一方で、金言6「組織目的は、人の強みを爆発させ、弱みを無くす事」とあるように、「強み」を爆発させるだけでは成果が出ません。

同時に組織の「弱み」をなくすことが必須です。


ところで、「弱み」とは何でしょう？

「弱み」を理解するために、ホースで水を流す場面をイメージしてください。

ホースの先から流れる水の量が「成果」を表しています。ホースを通してできる限り多くの水（成果）を流したい。ところが、そのホースは途中に凹《ヘコ》みがあります。

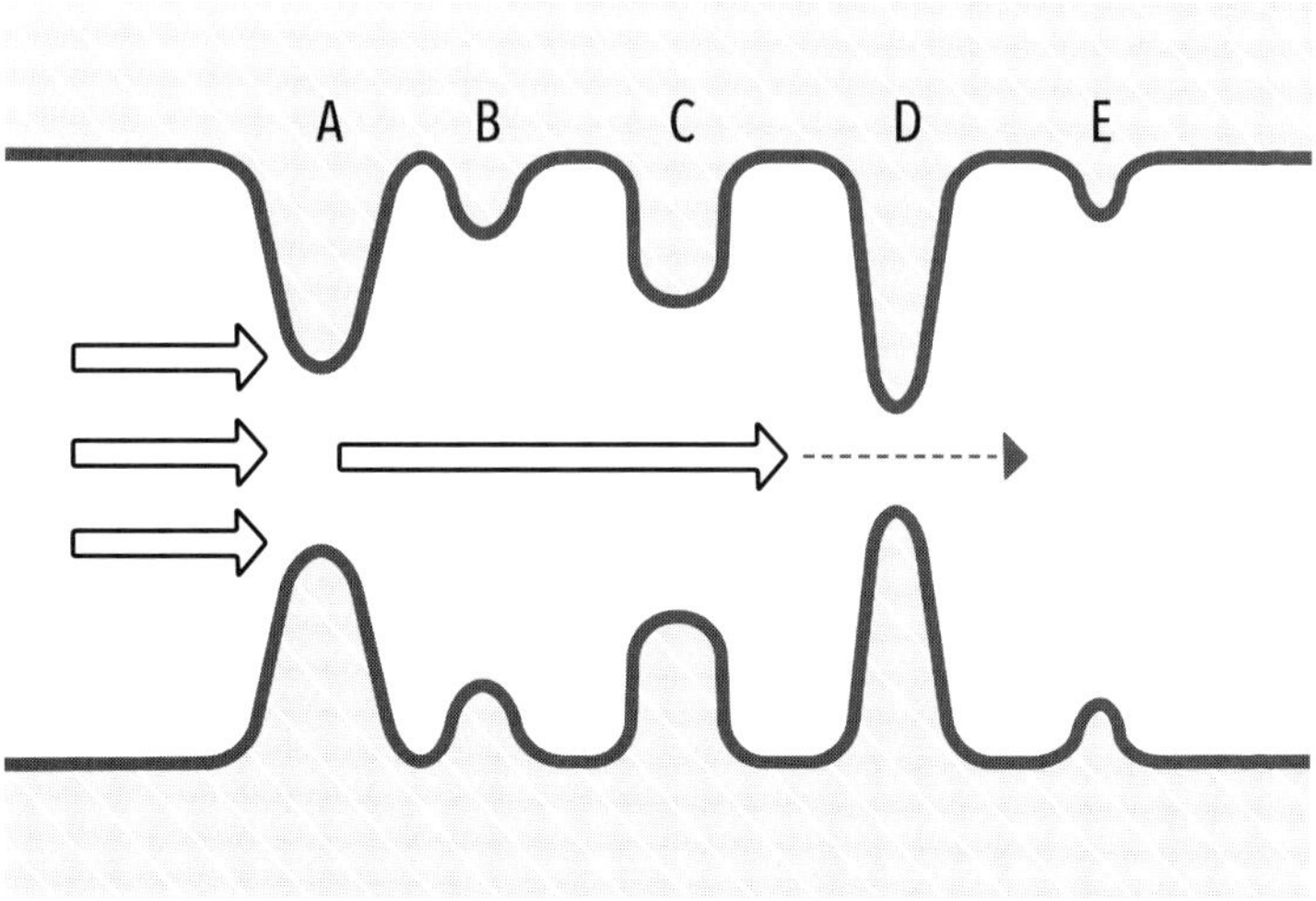

その凹みが「弱み」です。その凹みがあるため、水が流れにくくなっているのです。他の箇所がいかに拡がって（＝強み）いても、凹み（＝弱み）があると水は流れません。

つまり、その凹みをなくさない限り、水（＝成果）は流れていかないのです。

ところで、「強み」の強化、「弱み」の改善のどちらが大事かという質問を受けることがよくあります。

結論から言うと「弱み」をなくすのが必要条件です。

つまり、最初に取り組むべきことなのです。

スティーブ・ジョブズも語っていた「絞る重要性」

ちなみに「絞る」ことの重要性について触れているのは、ドラッカーだけではありません。アップルの創業者であり、同社を世界最高の会社にしたスティーブ・ジョブズも「絞る」重要性について触れています。

2007年秋、ヤフー幹部との社外会議でプレゼンテーションをしたジョブズは、「アップルのように卓越した企業になるにはどうすればよいか？」という質問に対して、次のように回答しました。

「多くの企業が1年以内に達成したいことを10個リストアップするが、賢い会社はその10個を3つか4つに絞る」

「私のやり方はこうだ。紙を1枚用意し、『私の会社が来年たった1つのことしかできないとしたら、それは何か？』と問う。そして文字通り、他のことはすべてやめるん

だ」


まさに「絞る」重要性について触れています。

ただ、この話は講演会で発言したときの話です。

本当にジョブズは、1つに絞ることができたのでしょうか？

ジョブズが重要な判断を下す際にどうしたのか、以下のエピソードが有名です。


かつてスティーブ・ジョブズは、自分が三顧の礼で迎えたジョン・スカリーにアップルを追われてしまいました。その後、12年後にようやく古巣に戻ることができましたが、当時のアップルはビジョンもコンセプトも不明確で、いまひとつパッとしない商品をいくつも抱える凡庸な会社になっていました。

これを見たジョブズは何をしたか。

凡庸な製品群を「絞る」ことにしたのです。このときジョブズが使ったのが、左の図のようなマトリックスでした。

当時のパソコン市場は、横軸の顧客属性として「一般消費者」「（エンジニアやデザイナ

ジョブズのマトリックス

	一般消費者向け	プロ向け
デスクトップ	iMAC	PowerMac
ポータブル	iBook	PowerBook

ーといった）プロ向け」の2つ。

縦軸の形態として「デスクトップ」と「ポータブル（ノートパソコン）」の2つ。

これら4種類がありました。

こうしたマトリックスに分類した後で、ジョブズはセグメントごとに1点の製品に絞り込み、経営資源（人・モノ・カネ）を集中投下しました。この4つは、製品開発からマーケティング、そして販売モデルまでそれぞれ異なるからです。

つまり、ビジネスモデルが異なるのです。

そこで、**ビジネスモデルごとに「やること」を絞った**というわけです。

その結果どうなったかは、もうみなさんご存じですよね。「絞る」ことでアップルは見事に息を吹き返すことができ、現在のような卓越した企業になったのです。

ここまで読んでいただいて、「絞る」ことの重要性は、十分ご理解いただけたと思います。最後に、絞った後に何をするのか。このことがよく理解できる「制約条件理論」について触れておきたいと思います。

ジェフ・ベゾスが経営陣と読んだ『ザ・ゴール』

制約条件理論は、エリヤフ・ゴールドラット教授が著書『ザ・ゴール』で提唱したものです。別名「ボトルネック理論」とも呼ばれるマネジメント手法です。

この「制約条件理論」は、組織を「全体最適」にマネジメントするために有効な方法論です。

日本語版の書籍の帯には、アマゾンの創業者であるジェフ・ベゾスが「経営陣と読んだ」とあります。つまりアマゾンの成功の一端にこの「制約条件理論」があります。

「制約条件」とは、**「ボトルネック」**です。ボトルネックとは、瓶の首が細くなっている部分を指す「bottleneck」に由来し、ビジネスプロセス（業務の一連の流れ）の中で、業務の停滞や生産性の低下を招いている工程・箇所のことを指します。
前述のドラッカーの説明の中で、以下のようなホースで水を流す話をしました。

ホースの先から流れる水の量が「成果」を表しています。ホースを通してできる限り多くの水（成果）を流したい。ところが、そのホースは途中に**凹み**があります。その凹みが「弱み」です。その凹みがあるため、水が流れにくくなっているのです。他の箇所がいかに拡がって（＝強み）いても、凹み（＝弱み）があると水は流れません。つまり、その凹みをなくさない限り、水（＝成果）は流れていかないのです。

この凹みが**「制約条件＝ボトルネック」**です。
「制約条件理論」では次の5つのステップがあります。

❶制約条件を特定する
❷制約条件を徹底的に活用する

❸制約条件以外を制約条件に従属させる
❹制約条件の能力を向上させる
❺惰性に注意しながら新たな制約条件を特定する

まず、自社のビジネスプロセス（業務の一連の流れ）の中で、どこがボトルネックになっているのかを見つける（＝❶制約条件を特定する）のが最初のステップになります。

そして、「❷制約条件を徹底的に活用する」とは、ボトルネックを担当するチームや人が、その人やチームにしかできない仕事に集中するということです。

「❸制約条件以外を制約条件に従属させる」というのは、制約条件を担当するチームや人を支援するために、他のチームがその役割に従うという意味です。具体的には支援とは、制約条件を担当するチームに対して経営資源（ヒト、モノ、カネ、情報）を優先的に振り分けることを指します。

ここまでやったうえで、「❹制約条件の能力を向上させる」をします。

そうすると、ボトルネックが解消されるというわけです。

そして最後に、現状のボトルネックが解消できたら、次のボトルネックを特定して

（＝❺惰性に注意しながら新たな制約条件を特定する）、ふたたび❶に戻り、次のボトルネックに対して❷〜❹を繰り返して実施していきます。

つまり、先ほどのホースの例で説明すると、複数の凹んでいる箇所があっても、一番大きく凹んでいる部分から順に直していきましょうと言っているわけです。

この章の冒頭で「あなたのチームに経営資源（人・モノ・カネ・情報）が潤沢にあれば別ですが、そのようなチームは一部の大企業の一部のチームだけです」と書きました。

ところが、限られた経営資源をボトルネックの解消に「絞る」、そして1か所ずつ解消していくことで、経営資源（人・モノ・カネ・情報）が潤沢になくとも、結果的にうまくいくということなのです。

絞る対象は「コト」と「ヒト」

それでは、これから何を「絞る」のかについて考えていきましょう。

マネジメントする対象は、「コト」と「ヒト」です。

したがって、それぞれを「絞る」アプローチを考えてみる必要があります。

――やる「コト」を絞る

やる「コト」を「絞る」という話をすると、「私たちのチームがやっていることはどれも重要で、絞ることなどできません」という反論を受けることがあります。

でも、それは本当でしょうか？

ほとんどの仕事は、やったほうがよいかどうかと言えば、やはりやったほうがよいのでしょう。しかし、続けているミッションの中には、惰性でやっていることはないでしょうか。従来は重要だったミッションも、誰も「やめよう」と言わないので、ただ継続しているというケースも少なくありません。

やることを絞る中で、ＲＯＩがとても低いミッションや、そもそもＲ（成果）が不明確なミッションが見つかるかもしれません。それはもはや「絞る」ではなく「やめる」のが賢明です。

どちらにしても、やることを「やめる」、あるいはやることを「絞る」ことができれば、プレイングマネジャーの時間が生まれるわけです。

次節から、具体的に「絞る」際の観点とやり方をご紹介します。

自組織のミッションとチームのミッションを「絞る」

自組織のミッションを「絞る」際には事前準備が必要です。
この事前準備をしておくと、効率的に「絞る」ことができるようになります。

何を「絞る」べきか判断するための事前準備

プレイングマネジャーのみなさんが担当しているチームには、上部組織があると思います。例えば、課やグループを担当しているのであれば、上部組織としての部や事業部がそれに当たります。部や事業部を担当しているのであれば、全社が上部組織に当たります。

上部組織が特定できたら、みなさんの上部組織の戦略を確認してください。部や事業部の戦略資料や全社の3か年計画や事業戦略資料などです。

次に、それら上部組織の戦略資料からキーワードを抜き出します。資料の冒頭に「エグゼクティブ・サマリー」などがあれば、そこから抜き出します。もしなければ、最終ページあたり、あるいは章ごとに「まとめ」が載っているはずです。

それらからキーワードを抜き出してください。

このキーワードを抜き出す作業が「事前準備」です。

上部組織のミッションとチームのミッションを照らし合わせる

次に担当するチームのミッションを抜き出します。そして、エクセルやスプレッドシートの表側《ひょうそく》（一番左の列）に自分が担当するミッションを記載します。20個あれば、表側に20行記載します。次に表頭《ひょうとう》（一番上の行）に「事前準備」で抜き出した上部組織のキーワードを記載します。

そして、表側と表頭の交点に、「◎」「○」「△」「×」で評価をしていきます。

それぞれの評価基準は以下です。

◎　上部組織のミッションに大いに関係していて、上部組織のミッションを具現化するための最重要ミッション

○　上部組織のミッションに関係していて、上部組織のミッションを具現化するための重要なミッション

△　上部組織のミッションに関係が少しはあるミッション、あるいは関連していると言えないこともないミッション

×　上部組織のミッションに無関係なミッション

このように整理すれば一目瞭然《いちもくりょうぜん》です。◎と○のミッションは重要なミッションなので「絞る」対象です。△と×は「やめる」対象です。やらないミッションが明確になれば、その工数（かかる時間）が浮くわけです。その浮いた工数は、別の重要なことに割り振ることもできますし、重要な「絞る」ミッションに割り振ることもできます。

なぜ、自組織のミッションを見直す必要があるのか？

ミッションを「絞る」

		評価	上部組織のミッション、ビジョン、戦略について					
			キーワード①	キーワード②	キーワード③	キーワード④	キーワード⑤	キーワード⑥
担当組織	主要ミッション❶	実地	○		◎			
	主要ミッション❷	実地		○		○		
	主要ミッション❸	実地					○	○
	主要ミッション❹	実地	△	△		○		
	主要ミッション❺	詳細検討		△	△	△	△	
	主要ミッション❻	実地無	×	×	×	×	×	×

本来、戦略を決めて、それを実現するために組織を作るというのが王道かつ自然な流れです。しかし、実際には、組織ごとに「戦略もどき」を作るケースが少なくありません。

もちろん数字だけは、上部組織から降りてくるので、上部組織と整合性は取れているのですが、それ以外はかなりいい加減であることが少なくありません。

だから、チェックすると不具合が起きるのです。

ただし、「上部組織が戦略を作るまで何も動かないほうがいい」とか、「時間をかけて丁寧に目標を作るべき」と言いたいのではありません。そんなことをしていたら、実際の現場は何か月もやるべきミッションが決まらないので、動くことができなくなります。

事後的であっても、自組織のミッションと上部組織のミッションのマトリックスを作って、やることを「絞る」ことをお勧めしたいのです。

やることを「絞る」ために具体的にやるべきこと

では、具体的にこのマトリックスを作る運用の仕方について説明しましょう。
つまり、具体的な「絞る」やり方です。

——「絞る」やり方

まず、期初にミッション設定する際に上述のマトリックスを作成して、やることを絞りましょう。それ以降は、定期的に確認することが重要です。

私はそれを「大掃除」と呼んだりしています。自宅を定期的に掃除する際に、年に数回大掃除すると思いますが、そのようなイメージです。

定期的にやっているミッションや、定期的に作成している資料を確認して、本当に必

要なのかどうかを確認します。

これらでやることを「絞る」ことができました。

次は、やり方を「絞る」ことを検討します。

さらにやることを「絞る」

さらにやることを絞るためには、上述した「制約条件理論」を活用します。

やることを絞った後に、関係する仕事を全部やっていては、ふたたびやることだらけになってしまいます。そこで、制約条件理論を用いてボトルネックを特定して、そこに経営資源を集中させましょう。

たびたび水を流すホースの事例で説明してきましたが、ここでも考え方は同様です。ボトルネック、つまりホースの凹んでいる箇所を特定し、その凹みが元々のホースの大きさまで広げることができれば、次の凹んでいる箇所を拡げに行く……という方法です。

これがやり方を「絞る」方法です。

ちなみに私が提唱するＫＰＩマネジメントは、この制約条件理論に準拠しています。

ＫＰＩマネジメントでは重要な４項目を「４兄弟」「４人の主要登場人物」と呼んだりしています。４兄弟とは、**①ゴール、②ＫＧＩ（Key Goal Indicator）、③ＣＳＦ（ボトルネック：Critical Success Factor）、④ＫＰＩ（Key Performance Indicator）**です。

ホースから水を流す事例に当てはめると、ホースから水を流すのがゴール。ホースから流したい水の量がＫＧＩに当たります。そして、凹んでいる個所がＣＳＦであり、元のホースの太さがＫＰＩに当たります。

――フォローする「ヒト」を絞る

さて「コト」を「絞る」方法を確認しました。

次は「ヒト」を絞る方法です。

これは、期初（スタート時）と期中（実際の活動中）の２つのタイミングがあります。期中（実際の活動中）の「絞る」は、現在やっている業務を「見直す」ことで実現できるので、次の章で紹介したいと思います。

まずは期初（スタート時）にフォローする「ヒト」を絞る方法です。
ここでは3つのツールを用います。

①MAT《マット》　業務（ミッション）と担当者の割り振りを考えるツール
②30MR　担当メンバーが、割り振ったミッションができるかを確認するツール
③9BOX　関与の仕方を確認するツール

この3つのツールを順番に使うと、フォローすべき「ヒト」を絞ることができます。

業務を誰に割り振るかの原案を考えるツール「MAT」

MATとは、「Mission Assignment Tool」という、私が考案したツールで、頭文字を取って「マット」と呼んでいます。MATは、組織の業務（ミッション）を設計するためのツールです。

具体的なMATの作成方法は、次の3ステップです。

①表側（一番左側の縦の列）に主要業務を記載する
②表頭（一番上側の横の列）にチームメンバーの名前を記載する
③業務とチームメンバーの交点に、業務シェアを記載する

「業務シェア」とは、担当するチームメンバーそれぞれの工数（労働時間）全体を10

0%とした場合、そのミッションに何%を使う計画なのかを示した割合です。

MATの効果① 業務ごとに必要な工数、スキルを確認し、見える化できる

業務ごとに合計工数と必要なスキルの過不足をチェックし、その工数で実行できるかどうか、あるいは必要なスキルがあるかどうか、つまり過不足がないかを確認します。

MATを作成すると「○○をするための人材が、○時間分不足している」など、明確にわかります。それをもとに、上司や人事部門に増員依頼をします。

MATの効果② メンバー相互のミッションの難易度の公平性の確認ができる

MATでチームメンバー相互の比較や確認をします。具体的には、例えば、同じ給与レベル（同じ職級や階級）の人同士を比較し、業務難易度に不公平感がないかを確認できます。

MATを作成することで、どの業務を誰が担当するかの原案ができました。

MATのイメージ

		統括		経営企画		広報		総務	
		部長	課長	リーダー	メンバー	リーダー	メンバー	課長	メンバー
経営企画部ミッション	小計	A	①	②	③	④	⑤	⑥	⑦
合計	800	100	100	100	100	100	100	100	100
情報収集(社外)	5	5							
設計	60		10	20		30			
運用・振り返り	50				10	10	30		
情報収集(社内)	5	5							
設計	50		10	20		20			
運用・振り返り	50				10	10	30		
戦略立案及び実行	20	20							
戦略企画	40		30	10					
運用・振り返り	20				20				
ボート運営	30	20	10						
運用・振り返り	50		10	30	10				
企画統括部運営	20	10						10	
運用・振り返り	50			10	20		10		10
モニタリング(見える化)	30	10	20						
運用・振り返り	60				20	20	20		
総務系業務	20	20							
レイアウト変更	40							10	30
購買	40							30	10
リスク管理	40							30	10
イベント企画	40							10	30
イノベーション	80	10	10	10	10	10	10	10	10

※業務シェアは、担当するチームメンバーそれぞれの工数(労働時間)全体100%とした場合、そのミッションに何%を使う計画なのかという割合を記載します。

担当業務を担当がどの程度できるか確認するツール「30MR」

30MRは、30 Minutes Review の略です。方法は次の3ステップです。

①マネジャーは、30分程度で業務内容について説明をする
②担当するメンバーは、その説明後、30分程度でその進め方（段取り）を考える
③その後、メンバーは、考えた段取りをマネジャーに説明し、30分で合意を得る
合意が得られない場合は、合意が得られるまで②～③のステップに戻り、繰り返す

業務がうまくいかない場合の大半は、段取りで失敗しています。

そこで、業務を伝えた直後にプロセス設計を確認しておくことで、失敗を予防するのが30MRの狙《ねら》いです。また、ミッションを付与したメンバーに対して、どのようなフォローが必要なのかを判断する材料にもなります。

この30MRは大手コンサルティング会社の社長がやっている方法です。彼が部下とのやり取りで確認している方法を、私が命名したものです。

コンサルティング会社は、2週間に1回程度、クライアント企業の経営者に進捗報告を行います。この報告でイマイチなものを共有したら一気に信頼を失います。

そうならないように部下（といってもパートナーという役員クラス）が、この仕事をきちんとできるのかどうか、30MRで確認をしているのです。

上司の関与の仕方を確認するツール「9BOX」

プレイングマネジャーがメンバーをフォローする方法には、そもそも種類があり、それを**「マネジメントスタイル」**と呼びます。マネジメントスタイルによっては、メンバーへの関与の手間がかなり異なってきます。

マネジメントスタイル（マネジャーの関与の仕方）は、主に次の4種類です。

①委任（権限移譲）
②援助
③コーチ
④指示

「委任（権限移譲）」は、定期報告は受けますが、（ゴルフで言う）ＯＢラインを超えない限り見守ります。**「援助」**は、定期報告を受け、対等な立場でアドバイスをします。**「コーチ」**は定期報告に加えて、メンバーが自ら考えるようにアドバイスをします。**「指示」**は、定期報告の頻度が多く、細かく指示、コントロールします。

つまり、メンバーへの関与は、プレイングマネジャー側の負担の小さい順に、「委任」↓「援助」↓「コーチ」↓「指示」となります。つまり「委任」あるいは「援助」で済むメンバーが増えれば、プレイングマネジャーの負担は減ることになります。

実は、これが重要なポイントです。

このような「委任」「援助」の状態のメンバーを、私は「自律自転している」と表現します。**「自律自転」するメンバーが増えると、プレイングマネジャーの手間は劇的に軽減します**（メンバーが「自律自転」するための方法論については、次章の「見直す」でご紹介します）。

「モチベーション」と「スキル」を2軸にして分類する

ここでは、メンバーとどのようなマネジメントスタイルにするのかを決める方法として**「9BOX（ナインボックス）」**をご紹介しましょう。

9BOXは、「モチベーション」と「スキル」を2軸にしたマトリックスです。横軸にモチベーション（やる気）を高・中・低で3分割し、縦軸にスキル（スキル・コンピタンス・能力）を高・中・低で3分割し、合計で9分割された図を準備します。

9つの象限＝箱（BOX）なので9BOXと呼んでいます。この図を使って、マネジャーとメンバーで9BOXのどこに当てはまるのかを確認するのです。

マネジャーとメンバーそれぞれが、メンバーが担当するミッションについて9BOXのどこに該当するのか事前に考え、持ち寄ります。そして、マネジャー、メンバーが同時に9BOXの該当するBOXを指で示します。上司とメンバーが同じBOXを指させば、ミッションに対する認識が同じであることがわかります。BOXが異なる場合は、認識の差を確認し、すり合わせていきます。

4つマネジメントスタイルの対応表

ミッションごとに3×3マトリックスの位置が決まると、
マネジメントスタイルが決まる。重要なのは、ミッションごとに考えること。

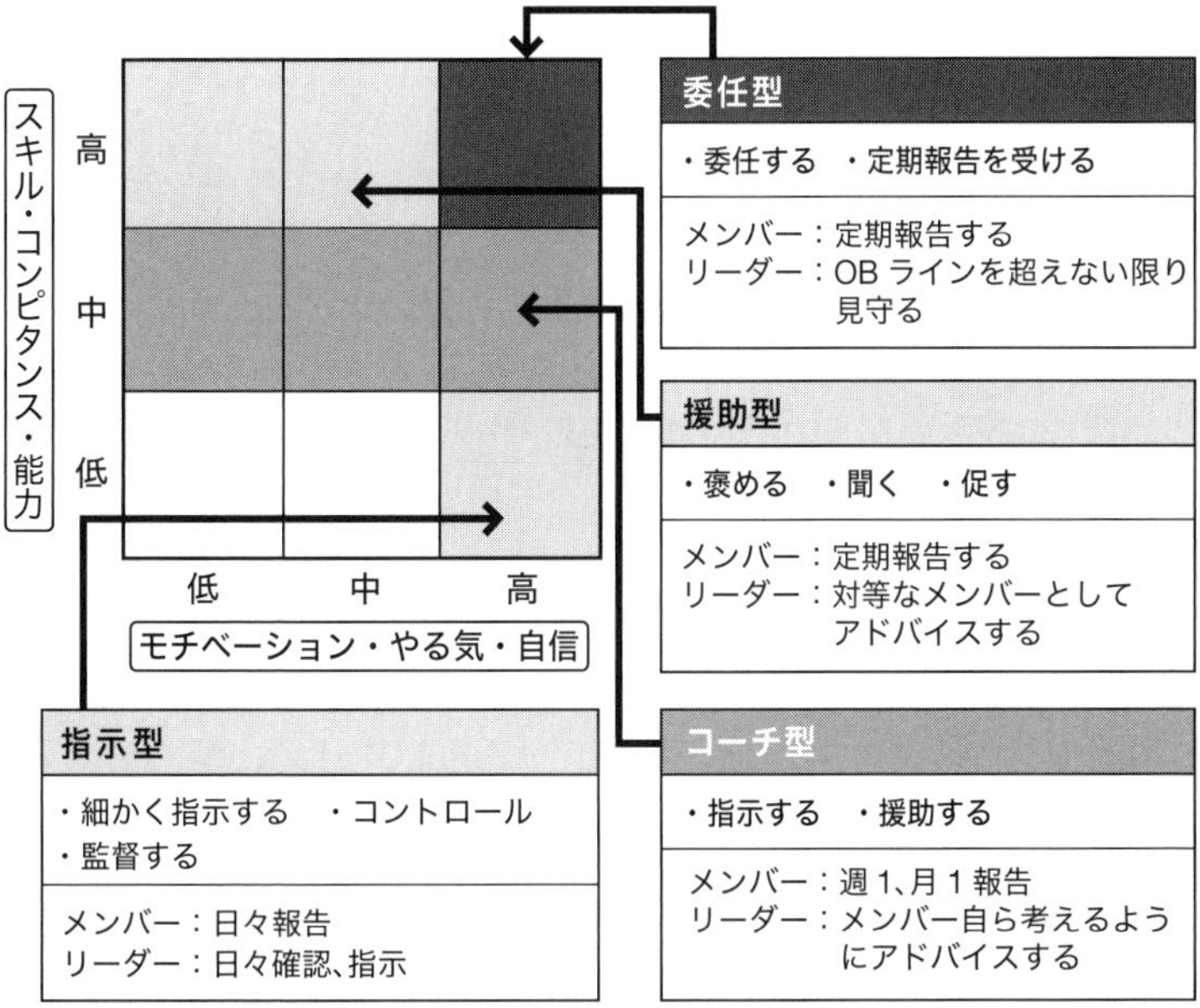

すり合わせる際に、一般的には、モチベーションの軸はメンバー本人の意見を、必要なスキルの軸はマネジャーの意見を優先すると合意がとりやすいことが多いです。

また、スキル軸については前述した30MRで、該当ミッションに対してできるかどうかがおおよそわかっているので、それを参考にできます。

ちなみに、やる気も低く、必要なスキルを持っていない一番下の左端と左から2つの場合、この業務をその部下に付与するかどうか、そもそも再検討が必要になります。

仮に業務を与えても、できないことが目に見えているからです。問題の先延ばしになる可能性が高いため、勇気を持って担当を変えることを検討したほうがよいでしょう。

ここまでご紹介した、①MAT、②30MR、③9BOXの3つを活用することで、フォローすべきメンバーを「絞る」ことができるはずです。

この「絞る」ステップで、「コト」と「ヒト」を絞ることができるので、プレイングマネジャーには、時間的にも精神的にも余裕が生まれることでしょう。

第5章

プレイングマネジャーの仕事を「見直す」

これまでの「常識」を見直してみる

この章では、現在実施していることを「見直す」ことで、生産性（ROI）をさらに高めることを考えます。

見直す対象は次の7つです。

①コミュニケーションの方法
②週報などメンバーの報告の方法
③どのメンバーをフォローするのかの決め方
④チーム会議の運営の方法
⑤重要会議の方法
⑥重要タスクの管理の方法

「見直す」ことでチームの生産性（ROI）を高める

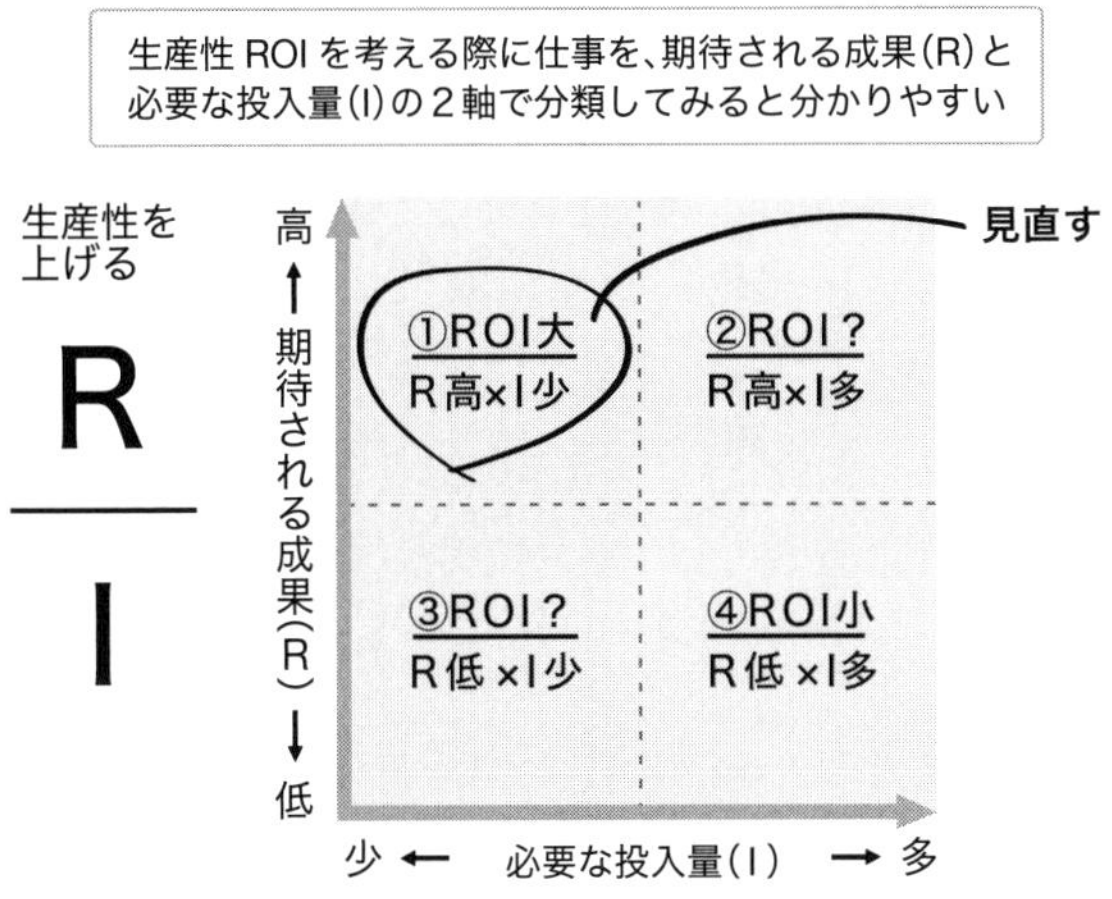

⑦数値管理の方法

マネジメントはヒト周りのマネジメントとコト（仕事）周りのマネジメントの２つに大別できます。

これら①〜⑦をこの２つの観点で分類すると、①〜③はヒト周りのマネジメントの仕方を見直そうという話です。⑥と⑦はコト周りのマネジメントの仕方を見直そうとしています。そして④と⑤はヒト、コト両方のマネジメントの仕方を見直します。

それぞれ単独でも十分に効果があります。ぜひ取り入れやすいものから１つずつ見直していきましょう。

見直す①コミュニケーションの方法を見直す

第3章の「やめる」で取り上げましたが、ここ数年で一気にリモートでの仕事が広がりました。従来のリアル会議に加えて、オンライン、チャット会議の経験者が増えました。

◎リアル会議＝実際（リアル）に会議室などに集まって実施する会議
◎オンライン会議＝ZOOMなどのテレビ会議システムを使って実施する会議
◎チャット会議＝slack、Teams、Chatworkなどのチャットツールを使ってテキストで実施する会議

会議に限らず、すべてのコミュニケーションにおいて、この3つの手法を組み合わせるのが効率化のカギです。

① チャットでできることは、できる限りチャットで実施する
② ①でできないことをオンラインで実施する
③ ①②でできないことをリアルで実施する

ただ、会議同様、まだまだリアルで実施することを前提に考えて、その補助手段としてオンラインやチャットを使うという順番で考える会社が多いようですが、この考える順番を逆転させるのがポイントです。

私が、このようにオンラインやチャットでのコミュニケーションとの組み合わせが重要だと考える理由は3つあります。

理由① オンラインやチャットは制約がある人に優しい手法
理由② オンラインやチャットは優秀な人と仕事をする手段
理由③ また新感染症がやってくる

理由①については第3章「やめる」の会議のくだりで触れました。改めてポイントをお伝えします。

コミュニケーションの方法を見直すべき理由❶
オンラインやチャットは制約がある人に優しい

リアル、オンライン、チャットには次のような特徴があります。

◎リアルは「時間」と「場所」を同期させないといけない＝2つ制約がある
◎オンラインは「時間」を同期させないといけない＝1つ制約がある
◎チャットは「時間」も「場所」も同期しなくてよい＝制約がない

ここで「制約がある人」とは、例えば以下のような条件の方々です。

◎遠隔地に住んでいる「場所」の制約がある人

◎子育てや介護で「時間」に制約がある人

◎障害があり、「移動（場所）」に制約がある人

このような人たちが、リアル会議に参加するのは大変です。もちろんリアルでないとできないことであれば、参加する意味があるのですが、オンラインでできることであれば、そのほうが助かるのは言うまでもありません。

また、オンライン会議や、チャット会議では、会議情報を録画したり、テキスト情報をストックできたりします。情報をストックできると、新しくその組織に入った人たちへの情報共有も容易です。リアル会議にいなかった人（異動者、転職者、新入社員など）にも情報共有できるメリットがあります。

コミュニケーションの方法を見直すべき理由❷
オンラインは優秀な人と仕事をする手段

最近の採用難への対応として、多くの企業が、優秀な人を採用する際に兼業や業務委託で仕事を始めてもらい、その後、自社にマッチしている場合には、徐々に自社での仕事の割合を増やし、フルタイムになってもらうという手法をとっています。

大手企業も兼業を認める企業が増えています。

彼らに兼業で仕事をしてもらい、自社とのマッチング状況を確認してから、正式にジョインしてもらうことで入社後のミスマッチも防ぐことができます。その際に、すべてリアルで実施しなければならないとなると、兼業を始めてもらうこともできません。

これは一例ですが、弊社は、多くの優秀な人と仕事をしています。大半の業務をチャット、オンラインの順番で設計することで、大手企業の育休・産休中の兼業者や、パートナーと異動で海外や地方に転居したメンバーにも仕事をし続けてもらっています。

つまり、チャット、オンラインでコミュニケーションすることで、他社が活用できない優秀な人材を仲間に迎え入れられることができるのです。

コミュニケーションの方法を見直すべき理由❸
また新感染症がやってくる

これまでの歴史から、今後の感染症を予測すると、次のことがわかります。

環境ジャーナリストで東京大学教授の石弘之さんが著書『感染症の世界史』（角川ソフ

ィア文庫）で、過去にウイルスが起こしたパンデミックのワースト7をピックアップしています。

①〜1980年　天然痘《てんねんとう》
②1918年〜1920年　スペイン風邪
③1981年〜現在　HIV／AIDS
④2002年〜2003年　SARS
⑤2009年〜2010年　豚インフルエンザ
⑥2014年〜2016年　エボラ出血熱
⑦2019年〜2023年　新型コロナウイルス感染症

これらのパンデミックの事実に加えて、概観すると2つのことがわかります。

20世紀は、インフルエンザの世紀で、スペイン風邪以降、20年から30年に一度大流行しています。

そして21世紀はコロナウイルスの世紀になりそうです。SARS（2002年11月）、

MARS（2012年9月）、新型コロナウイルス（2019年）と10年ごとに流行しているのです。

つまり、今後は感染症が常態化（10年に一度数年規模で起きる）する可能性が高いということです。そうであれば、**常にオフィスで働けるかどうかわからない中、リアル主体でコミュニケーションを設計するのは無理があるのではないでしょうか。**

見直す②週報などメンバーの報告の方法を見直す

メンバーが上司や会社に活動報告をしている週報（あるいは日報や月報）を見直しましょうという提案です。結論から申し上げると、報告のフォーマットを私が考案したG-POP®シートに変更することをお勧めしています。

これを導入することで、メンバーが自律自転し始めます。メンバーが自律自転してくれると、プレイングマネジャーがフォローする必要が減るので、多くの時間を生み出すことができます。

「一方通行」の週報には何の意味があるのか？

ところで、なぜ週報のフォーマットを「見直す」必要があるのでしょうか？

従来の一般的な週報は、メンバーから上司や会社への報告が目的でした。大半の企業では、それに対してのリアクションもしません。プレイングマネジャーが忙しすぎるので、その時間を生み出すことができないのも一因でした。

つまり、**一方向のコミュニケーション**でした。

一方向でも、週報を記載するメンバー側に何らかのメリットがあればよいのですが、一般的な週報を書いても仕事ができるようになるわけではありません。もちろん、一部のマネジャーは、メンバーへのアドバイスに週報を活用していました。しかし、それにしても全メンバーに実施するのは、(平等に接するべきだという呪縛《じゅばく》があり)かなりの工数が必要でした。

このような背景もあり、大半の企業では、週報はメンバーが「書くだけ」になっているのが実情ではないでしょうか。

メンバーが自律自転し始める「G-POP®シート」

そうした一方通行のこれまでのフォーマットをG-POP®シートに変えるだけで、たくさんの組織で変化が起きています。G-POP®は「ジーポップ」と発音して、ハイパフォーマ（＝仕事ができる人）の仕事の仕方の重要ポイント4つの頭文字から作った造語です。

ハイパフォーマの仕事の仕方の重要ポイントは以下です。

①常にゴール（Goal）を意識している
②そのゴール達成のためにPre（事前準備）をする
③Pre（事前準備）をしているので臨機応変にOn（実行・修正）ができる
④実行後、その結果をPost（振り返る）ことで、次回、類似のことをした際の成功確率を高める

これらをしている割合が、通常のミドルパフォーマーと比較すると、圧倒的に多いのです。仕事はあるレベルまでは確率論です。しかし、「成功する型」を持っていると、より簡単に成功しやすくなります。

G-POP®シートは、ハイパフォーマの仕事の仕方をフォーマットにしたものです。書き方の型を習得して、記載するだけで、仕事ができるようになっていきます。
つまり、会社への報告のために実施していた週報を書く時間を、メンバー自身が成長するための時間に変えることができるのです。毎週、G-POP®シートの記載を繰り返すことで、短い人だと4週、つまり1か月で自律自転し始めます。長くかかる人でも12週、つまり3か月で自律自転する兆しが見えてきます。

G-POP®シートが促す6つの習慣化

G-POP®シートを記載すると、自律自転するようになるメカニズムを説明しましょう。以下の6つの習慣化ができるのです。

習慣① 毎週、ゴールやミッションを確認する習慣ができる

G-POP®シートの上部には、①人生をかけて、②今年、③今月、④その他のゴールを記載します。毎週、少なくとも1回、自分のゴールを確認する習慣ができます。

G-POP®フォーマット記入がセルフマネジメントの習慣化を支援

G-POPを習慣化させるために、1週間の業務内容を**G-POPフォーマットに記入。**
毎週記載することで、❶**Goal**を常に意識し、❷**今週の行動計画(Pre)**と❸その**結果と評価(On)**、そして❹**振り返り(学び)**を記載することで、**自然とハイパフォーマンスになる**のです

※**会社への報告ではなく、自分自信の定期的な振り返り(気づき)による自己成長を支援**

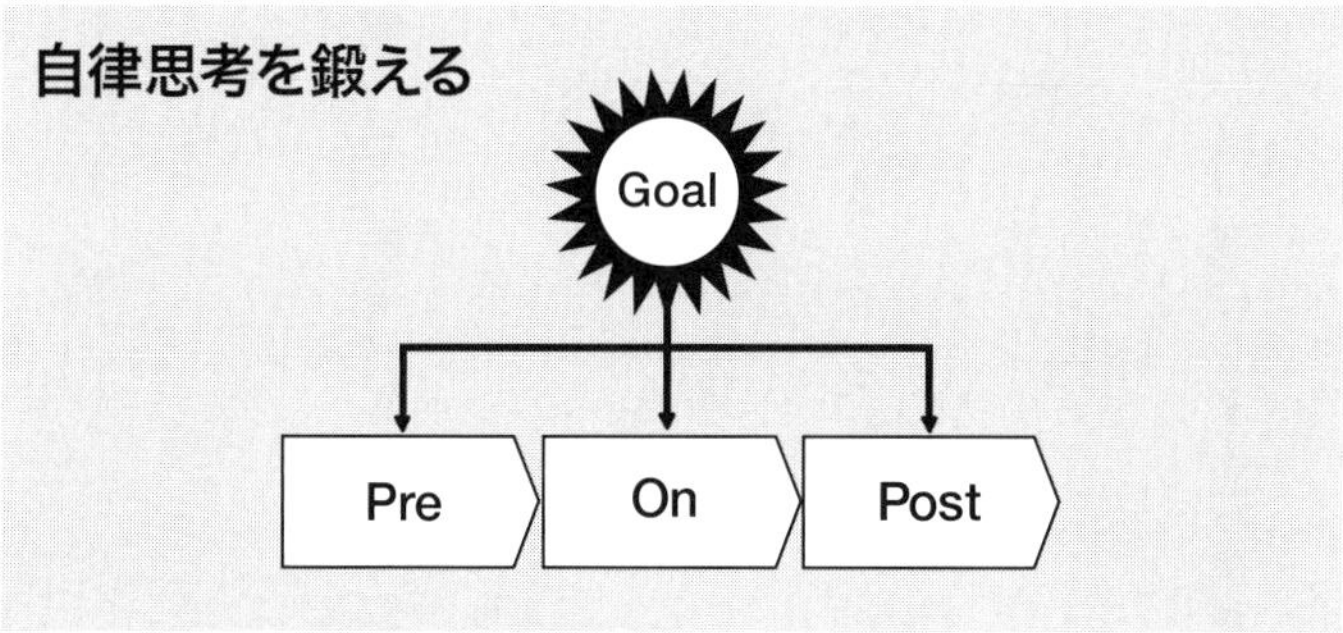

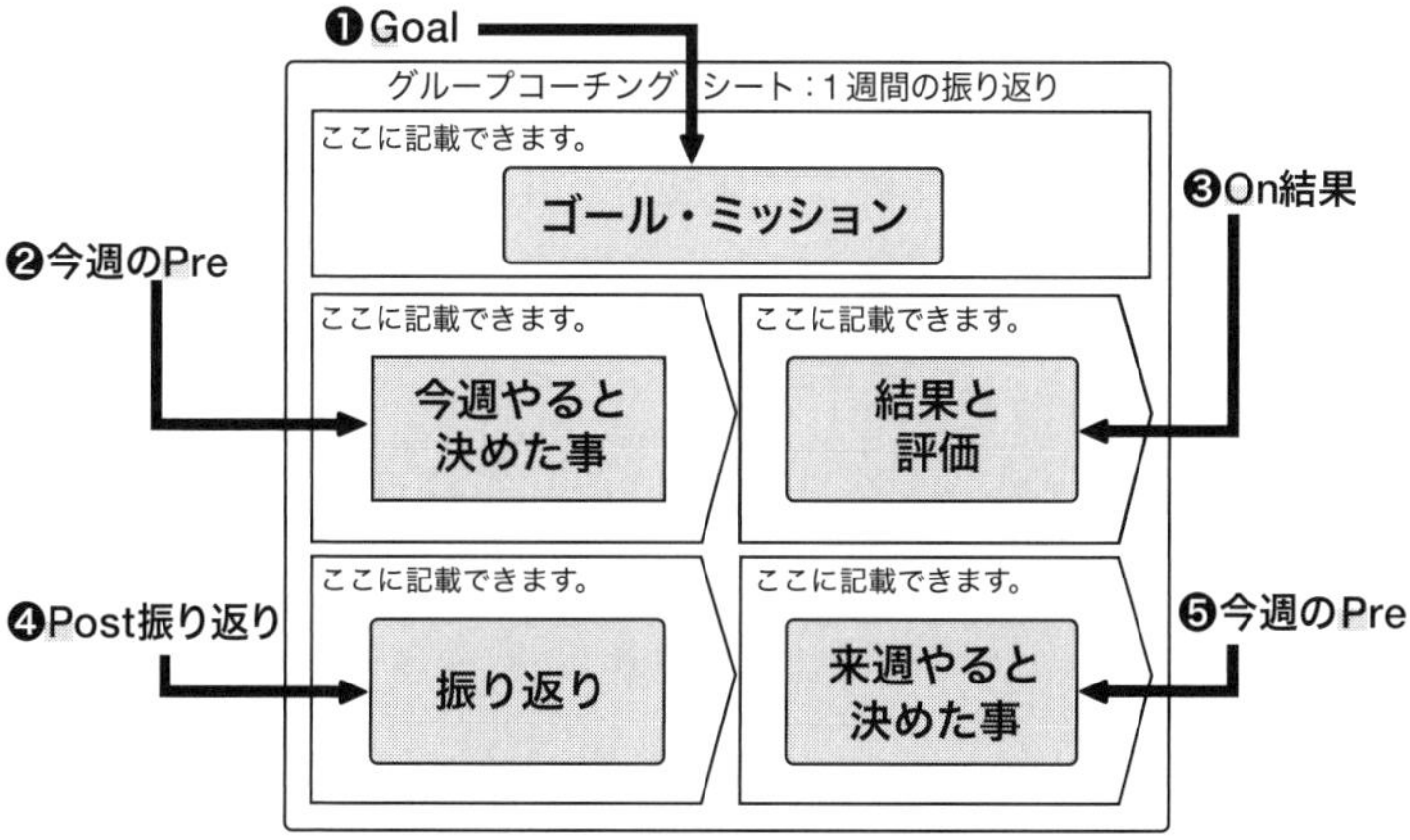

習慣②　今週の業務とゴールの関係を確認する習慣ができる

Pre部分に記載する業務は項番で1、2、3と記載するのですが、その横にどのゴールに関係するのか「1③」「2④」などとゴールとの関係性を記載します。

習慣③　今週の業務の結果を自己評価する習慣ができる

On部分には、結果に加えて自己評価を◎○△×で記載します。自己評価するには、Preに達成基準を書く必要があるので、自然と業務の達成基準を作成するようにもなります。

習慣④　今週の自己評価を「全部○にしたい」と思う習慣ができる

全部○になるようにPreを設計することを勧めているので、徐々に全項目の自己評価が○になっていきます。

習慣⑤　毎週、正しい振り返りをする習慣ができる

自己評価が◎○の場合は、うまくいったポイントを振り返り、再現性を高めます。△

×の場合は、再発防止策を振り返り、次回類似のタスクをする際の成功確率を高めます。

習慣⑥　翌週何をするのか、計画を立てる習慣が毎週できる

ここに記載した内容が、翌週のG-POP®シートのPreになります。常に未来に何をするのかを考える習慣ができ、計画的に仕事ができるようになります。

G-POP®シートは、個人が書くだけでも効果があるのですが、他のメンバーのシートが簡単に見られるようにしたり、後述するチーム会議での発表フォーマットにしたりするなどと併用するとさらに効果が見込めます。

5年ほど前からG-POP®シートの実験を始めているのですが、2024年現在、1000名以上のさまざまな企業規模、業種、職種の方々が、このG-POP®シートを利用して自律自転する人材になっています（G-POP®シートの詳しい書き方については、拙著『自分で考えて動く社員が育つOJTマネジメント』（フォレスト出版）をご参照ください）。

見直す③ フォローするメンバーの決め方

私は上述のG-POP®シートを利用する際に、codeTakt社のteamTaktという協働学習ツールを使っています。

G-POP®シート自体は、Office365でもGoogleのツールでも作成できます。ただ、このteamTaktは、もともと学校での協働学習を目的に生まれたという背景もあり、ビジネス上でも協働学習をするのに長《た》けているのです。

例えば、他のメンバーに「いいね」を付与したり「コメント」したりできます。加えて、事務局は、誰が誰のシートを閲覧しているのか、「いいね」「コメント」しているのかも把握できるのです。つまり、チーム内のコミュニケーションの状況を「見える化」できるのです（これは、学校版schoolTaktで、生徒の孤立を把握し、先生がフォローの優先順位を把握するために作った機能を転用しています）。

G-POP® シートを teamTakt で利用すると、Gレポという機能が利用でき、これを使うとフォローすべきメンバーが見える化できます（**230ページに示すマトリックスにメンバーの名前がプロットされているイメージです**）。

フォローすべきメンバーについては、204ページで、プレイングマネジャーから見て「委任」「援助」「コーチ」「指示」のどれにあたるか分類する話に触れました。

しかし、これらはあくまでも、計画段階の分類です。実際にミッションを進める中で、プレイングマネジャーのフォローの優先順位が変わるだろうことは想像に難くありません。そこで、teamTakt のGレポを活用すると、それを見える化することができます。

――フォローすべきメンバーの「見える化」

具体的には、次のような2つのステップで見える化します。

1つ目は、**G-POP® シートの On の自己評価の状況**です。G-POP® シートでは、毎週やると決めたこと（Pre）を実施した後、自ら設定した評価基準に則《のっと》り自己評価をします。そして全部が◯（設定したやると決めたこと、すべての自己評価が◎もしくは◯である状態）になるように設計、そして能力開発するのを勧めています。

つまり、全◯もしくは全◯に近い状態（以下、ほぼ全◯）であれば、そのメンバーはよい状態だということがわかります。

もちろんPre（事前準備）の内容が正しい前提ですが、これもマネジャーがチェックできるので、仕事の質についてもチェックできます。

つまり、**マネジャーの視点で考えると、ほぼ全◯メンバーのフォローの優先順位を下げることができるのです。そして、逆に△や×が大半のメンバーのフォローの優先順位を高めます。**

これをteamTaktのGレポの機能が見える化してくれるのです。

さらに2つ目として、**AIがメンバーの仕事の型を評価してくれます。**G-POP®は、ハイパフォーマ（高業績者）の仕事の型です。その型をどれくらい習得してG-POP®シートに記載できているのかをAIが判断してくれるのです。

つまり、G-POP®の型を装着できているメンバーは、確率論的に成果が出やすいのです。逆に型が装着できていないメンバーは、自己流の仕事の仕方をしていることがわかります（あくまでもG-POP®シートに記載されているテキスト情報からだけで判断します）。

この2つの観点でマトリックスを作成すると次のようになります。

横軸が1つ目の観点で、仕事がうまくいっているかどうか。ほぼ○かどうかの軸です。

そして縦軸が2つ目の観点で、G-POP®の型をどれくらい習得しているかどうかの観点です。AIのテキストマイニングで、G-POP®の型（自律自転しているハイパフォーマの仕事の仕方）との合致度で高低を判断できます。

この2軸で、メンバーを4つのグループに分けて、フォローする優先順位を変えるのです。

	自律	達成	
A：	高	高	承認
B：	高	低	フォロー
C：	低	高	放任
D：	低	低	人事などと協力

まず横軸の右側のAとCは、ほぼ全○の人たちです。ミッションやタスクがうまく進

メンバーを4つのグループに分ける

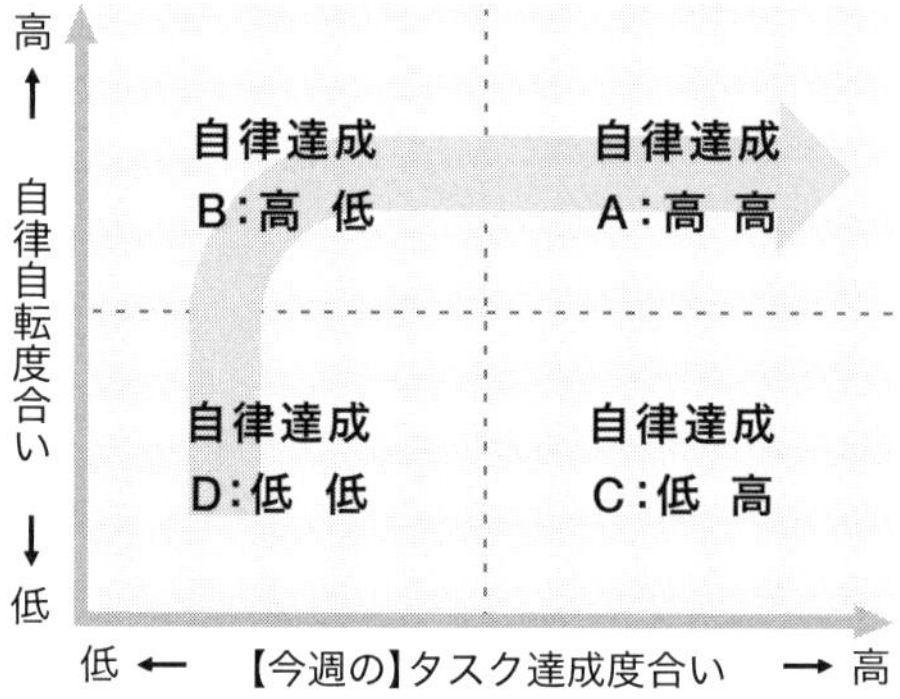

んでいるので、基本はフォローの優先順位を下げることができます。

特にAは、G-POP®の型も習得できているので、自律自転していて、今後も仕事がうまくいく可能性が高いメンバーです。したがって、「承認」します。「いいね。この感じで進めて」といった感じです。

一方のCは、G-POP®の型を習得していないように見えます。ただ、仕事は上手に進めているようです。ここにはいわゆる天才と言われる、私たち凡人ではわからないけれど結果を出せる人が入っている可能性があります。

それに加えて、偶然、ラッキーにうまくいっている人がいます。ただ、仕事をきちんと進めているので「放任」、つまり大人として扱います。「全〇でいいね」といった感じです。

BとDはほぼ全〇にできなかったメンバーです。ただ、BはG-POP®の型は習得できています。ですので、マネジャーが介在することで、成果が出るようになる可能性が高いので、フォローの優先順位を上げて、ここのメンバーに特化します。

一方のDは、型も習得できず、毎週のミッションも全〇にできないメンバーです。このメンバーが成果を出すには、少し手間がかかります。全体A～Dの人数バランスにもよるのですが、ここは人事やプレイングマネジャーの上司などに助けを求めてもよいかもしれません。

これらのGレポのデータを見ながら、定期的にフォローするメンバーの優先順位を変えることで、効率的にメンバーマネジメントができるようになります。

見直す④
チーム会議の運営の方法

序章で紹介したグーグルの「プロジェクト・アリストテレス」。そして、ダニエル・キムが提唱する「成功循環モデル」。この2つから、成果が出る組織を作るためには、「安心・安全の場」を作ることが重要だとお伝えしました。

そこで、大半の組織やチームが定期的に実施している「チーム会議」の運営を「安心・安全の場」にするように「見直す」ことをお勧めします。

「プロジェクト・アリストテレス」では、「安心・安全の場」の共通点として2つを挙げています。

①それぞれの参加者が話している時間がだいたい同じ

②共感性が高い

逆にいうと誰か1人が多くの時間を話している。あるいは、誰かの発言を途中で遮り、否定などしていたら安心・安全の場を作れません。

この2つのポイントを参考に、チーム会を人工的に「安心・安全の場」にしようという試みを紹介しましょう。その際に、上述したG-POP®シートを参加者が準備し、それを報告、相互アドバイスすることでさらにチーム会の質を上げることができます。

この手法を**「グループコーチング」**あるいは**「グループリフレクション」**と呼んでいます。

グループコーチングのやり方

グループコーチングで最適な人数は、3人〜5人（4人が一番のお勧めです）で、時間は1時間で実施します。場所の制約がないようにオンラインで実施し、録画し、自分の話し方や人の話の聞き方をレベルアップするために見直すのもお勧めしています。

グループコーチングには次ページに示すように、7つのステップがあります。

事前にフォーマットに記入して、
ZOOMに4名＋ファシリテータが集合
（7つのステップ）

① **瞑想**：心を落ち着ける
② チェックイン：1人ずつ発信する（例：**24時間以内にあった感謝**）
③ 報告者はG-POPフォーマットを使って**状況報告：5分程度**
④ 他のメンバーは**感じたことを共有**：1分程度
⑤ 報告者は他のメンバー全員の発言が終わった後、**感じたことを共有**：2分程度
⑥ それを参加者（4人）繰り返す
⑦ チェックアウト：**今日の感想の交換**

③〜⑤を録画しておいて、振り返る（自分の特徴を知り、必要に応じて改善する）

参加者全員が、ほぼ同じ時間を話すように設計されています。加えて、②、④、⑤で「感謝」や「感じたこと」を話すことで、共感性を高めています。つまり、「安心・安全」の場の共通点を両方とも体感できるアジェンダになっているのです。

G-POP®シートを準備して、チーム会で発表することで、シートの記載内容を充実させようというモチベーションが高まります。加えて、周囲からの共感性の高いフィードバックを受けることで、全○を目指すモチベーションも高まります。すると、仕事がうまくいく可能性が高まり、メンバーが自律自転していくようになります。

そうなると、しめたものです。メンバー

をフォローする必要性が下がり、プレイングマネジャーに時間が生まれるのです。

配下メンバーが多い場合の対応

もし配下メンバーが4人以上で、複数チームでチーム会を実施する場合は、それぞれのチームで進行役（ファシリテータ）を設定し、進行してもらいます。

そして、ファシリテータから各チームの状況を（チャットやオンラインで）報告してもらうようにすると、そのファシリテータの能力開発の機会にもなりますし、プレイングマネジャーの負担も軽減させることができます。

第3章で定期的な1on1を「やめる」ことをお勧めしました。**定期的な1on1をやめて、このグループコーチングをするのがお勧めです。グループコーチングは、1on1の問題すべてを解消できる仕掛けになっています。**

そして、グループコーチングの内容やG-POP®シートの内容から個別にミーティングが必要であれば、定期的ではなくアドホック（その時だけ）に1on1をすればよいのです。

見直す⑤　重要会議の方法

次は重要会議を「見直す」方法です。

重要会議を第3章で紹介した「今日決めないという選択肢があるという考え方をやめる」で紹介した「4つのアジェンダ（議題）の分類」と「会議で資料を説明するのをやめる」で説明した「事前審議」を組み合わせて、「見直す」ことをお勧めします。

「重要会議」とは、経営会議や部長会議、課長会議など、高い役職者が集まる会議のことです。最も人件費が高い人たちが集まる会議の仕方を見直すことで、組織全体の生産性が大きく向上します。

まず、会議の目的を明確にすれば、やるべきことが明らかになり、生産性が向上します。以下に4つの会議のアジェンダを再掲します。

3種類の会議の比較

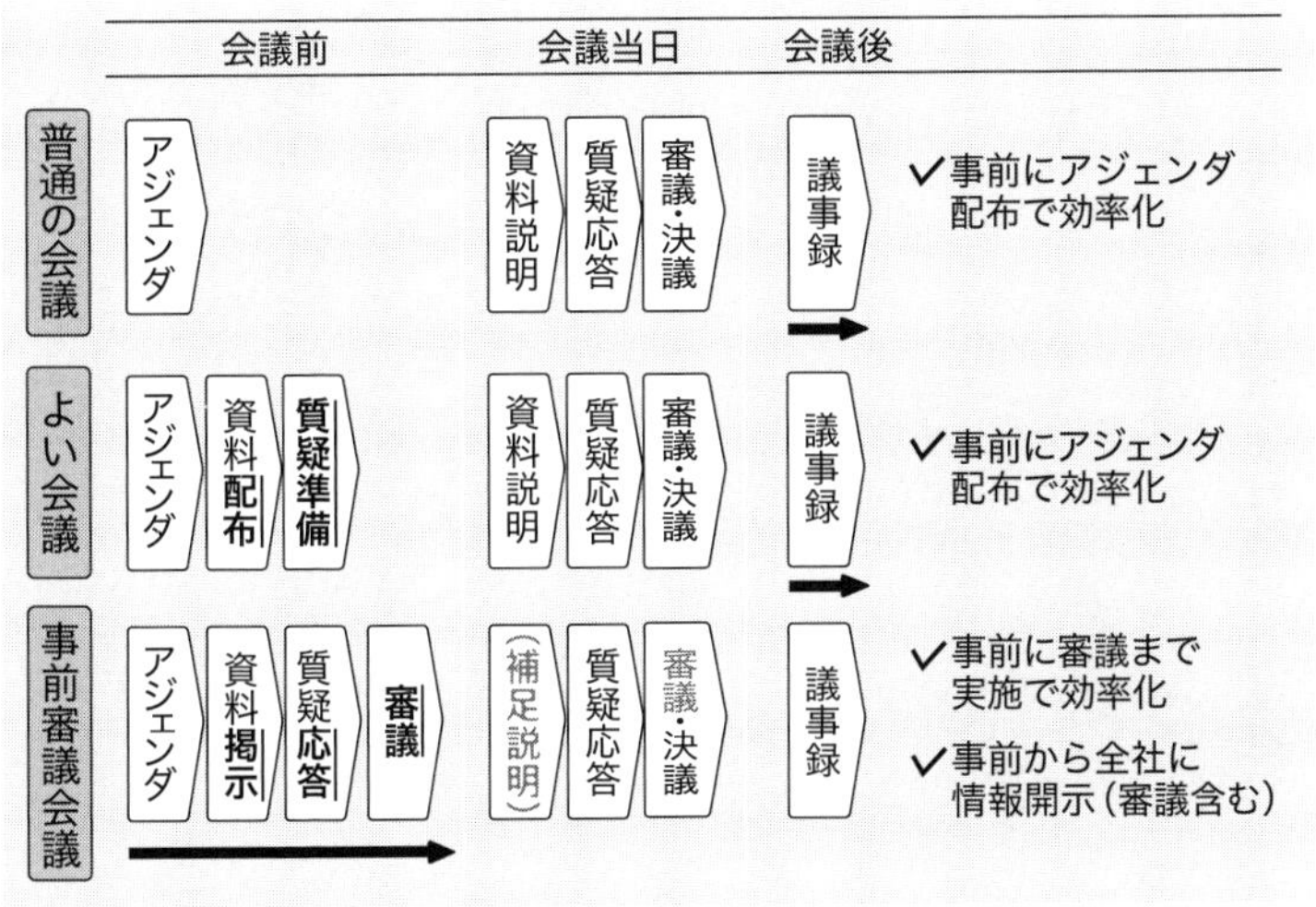

①発散＝プロジェクトの最初の段階で、できる限り情報収集し、アイデアなどを広げる

②収束＝十分に広がったアイデアを具現化するために絞っていく

③決定＝実際に実行するアイデアを決定する

④報告＝決まったアイデアを関係者に共有し、実行を促す

事前審議の仕組みもポイントを再掲します。会議当日ではなく、参加者が、「事前審議」を行うという方法です。

参加者は、以下の2つのことをチャット

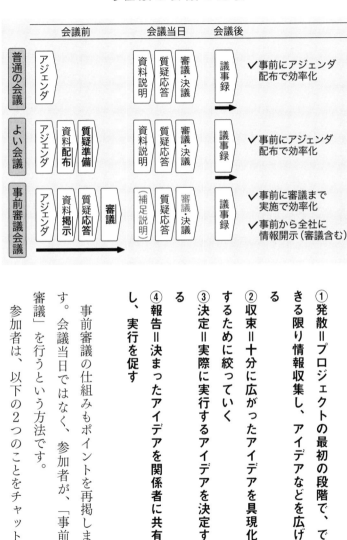

システム（slack など）でします。

◎事前に資料を読む

◎事前に審議（承認・否認・保留＋質問のどれかを決定する）を行う

この結果、参加者全員が「承認」あるいは「否認」であった場合、会議当日は確認だけすればOKです。「保留（質問）」がある場合は、起案者が会議までに質問に回答すればよいのです。

この仕組みを重要会議に装着すると、会議の生産性が大幅に向上します。

昔話ですが、私が29年働いたリクルートという組織は、かつて分社していたことがありました。当時、私はIT部門の責任者で分社した1社であるリクルートテクノロジーズの社長でした。私は、横断部門であるITの責任者だったこともあり、5つの事業会社の経営会議に出席していました。

そして各事業会社の社長と定期的にミーティングする中で、上記の4つのアジェンダと事前審議の話を紹介したのです。そのうち1つの事業会社の社長は、この方法が生産性を高めることにすぐに気づき、翌週から自社の経営会議に導入しました。

スプレッドシートに、①アジェンダを記載し、②その横に承認、保留、否認を選択できるようにして、③さらにその横にコメントを入れられるようにした簡易なものです。数分で準備できますよね。

彼らは1つだけルールを加えました。**「必ずコメントを入れる」**です。

事前審議を導入することで、大半のアジェンダは、会議前に白黒がつくようになりました。その結果、現場は会議を待たずに業務を進められるようになり、プロジェクトがスピードアップしました。

その結果、経営会議での対話の時間が増やすことができるようになったにもかかわらず、会議そのものの時間を減らせたのです。

その事業会社の業績は大幅に向上しました。最重要会議の生産性が向上したので当然ですよね。その後、その事業会社の社長がリクルートの社長になりました。

重要な会議こそ、このアジェンダの明確化と事前審議の導入がお勧めです。

見直す⑥
重要タスクの管理の方法

次はプロジェクトマネジメントについてです。

「納期通りに終わるプロジェクト（重要タスク）は、全体の2割もない」

こんな格言のような話があります。有名なパーキンソンの法則**「作業の期間は計画時間いっぱいまで延び、予算は全額使い尽くされるまで消費される」**という話からも想像できます。

プロジェクトはうまく進まず、遅れやすいという性質があるのです。したがって、プロジェクト管理の仕方、重要タスクの管理を「見直す」ことをお勧めします。

プロジェクトはなぜ遅れるのか？

ちなみになぜプロジェクトは遅れるのでしょうか？
主な理由は４つあります。

理由①予防線を張る（「早く終わっても言わないでおこう……」）

予定より早めに終了して報告すると、次回以降それを前提に交渉されることを恐れ、正直に申告せずに、余った時間は無駄に費やす。

理由②夏休みの宿題症候群（「まだ間に合うから後でいいや……」）

時間に余裕があるとギリギリまで手をつけず、結果遅れる。

理由③ゆで卵の基準（「何分ゆでればいいのだろう……？」）

作業完了基準が不明確なために、いつまでも不要な作業を続けてしまう。

理由④八方美人（「みんなにいい顔をしよう……」）

複数プロジェクトを担当すると、それぞれの作業に準備、作業、習熟というステップが発生し、結果遅れてしまう。

これらの4つの遅延の原因を把握したうえで、プロジェクトマネジメントをする必要があります。

なお、プロジェクトを納期通りに実現するためには、時間の捉え方を変える必要があります。その際のポイントは次の2つ。**「本当の所要時間（ABP）でコミュニケーションをとること」「プロジェクトバッファーでマネジメントすること」**です。

基本、人は余裕を持った（＝バッファーがある）スケジュールを組んだにもかかわらず、「夏休みの宿題症候群」で、着手が遅れます。したがって、これを防ぐ必要があります。その場合に有効なのが、時間の見積りの仕方を変えることです。

工数の見積もりに「バッファー時間」を含めない

工数（所要時間）の見積もりの仕方は、主に次の2つの方法があります。

①一般的なＨＰ（Highly Possible）
②制約条件理論で推奨するＡＢＰ（Aggressive But Possible）

一般的なＨＰでの工数見積もりは、その見積もり自体にバッファー時間を含んだもので、「ほぼ確実にできる見積り時間」です。一方のＡＢＰは、バッファー時間を含まない、「その時間でやれるかどうかは半々の見積り時間」です。

プロジェクトを納期通りに実現させるためには、すべての工数見積りを個別に、バッファー時間を含まないＡＢＰで設定します。そして、プロジェクト全体でプロジェクトバッファーを持てばよいのです。

当然ですが、ＡＢＰで見積もると、個別の箇所では遅れる可能性があります。できるかどうか半々で見積もっているから、それは当然です。ですので「遅れても責めない」というカルチャーも不可欠です。

また詳細は省きますが、1人の人に掛け持ちをさせるとプロジェクトは遅延します。したがって、1つのプロジェクトが終わってから、その人を投入するという人材配置を行うことが重要です。

ABPで見積もる風土を作り、掛け持ち業務をやめ、プロジェクト全体のプロジェクトバッファーで管理することで、プロジェクトの遅延を防ぐことができるのです。

――「プロジェクトバッファーで管理する」とは？

何度か出てきた「プロジェクトバッファーで管理する」とは、具体的には**プロジェクトバッファーの時間を3等分すること**を指します。

例えば、全体で20週間、約5か月と見積もっているプロジェクトのケースで考えます。最短の納期であるABPで見積もると17週間で終了します。すると両者の差であるプロジェクトバッファーは3週間（20－17＝3）あるわけです。3週間を3等分すると、それぞれ1週間になります。

プロジェクトをスタートしたところ、少しずつプロジェクトが遅延してきました。しかし、遅延が3分の1（1週間）、つまりプロジェクトバッファーが3分の2（2週間）以上残っている場合は、何もしません。

しかし、さらに遅延が続き、バッファーが3分の2（2週間）を切ったら、対策案を作ります。そして、さらに遅延が続き、バッファーが3分の1（1週間）を切った場合に、作成した対策を実行するのです。

やることは、これだけです。

これが**「納期」ではなく、「プロジェクトバッファー」でマネジメントする方法**です。簡単ですよね。それぞれの納期ではなく、その納期の遅延が、プロジェクト全体のバッファーを減らすのかどうかに着目しマネジメントするのです。

これにより、プロジェクト全体の成功確率が大幅に向上します。簡単なだけに再現性があり、多くの人に効果があります。

見直す⑦数値管理の方法

最後は数値管理についてです。

一般的に数値管理というと、多くの数値を管理することを指します。これ自体は問題ありません。財務、経営企画あるいは経営者であれば、多くの数値を把握しておくことは重要です。

しかし、その多くの目標数値の実現を、すべて現場に要望するのはやめたほうがよいでしょう。現場が把握すべき数値管理は次の４つです。

①目指すべきゴール

②ゴールの数値目標であるＫＧＩ（Key Goal Indicator）

③ＫＧＩを達成するために最も重要なＣＳＦ（Critical Success Factor）

④ＣＳＦの数値目標にあたるＫＰＩ

私が提唱するKPIマネジメントは、多くの数値管理を求めず、きわめてシンプルな考え方に立っています。まずは「現場にやってほしいこと」を1つずつ要望しましょうという考え方です。

制約条件理論について何度も触れましたが、ホースに水を流すたとえを改めて思い出してください。流れる水の量が「成果」を表しています。多くの水を流したいのですが、そのホースには途中に凹みがあります。その凹みが弱みです。その凹みのために、水が流れにくくなっているのです。他の個所がいかに拡がって（強みがある）いても、凹みがあると水は流れません。その凹みを解消しないと水は流れないのです。

制約条件理論は、その凹みを1つずつ解消しましょうという考え方です。

現場に複数の要望をすると何が起きるか？

現場にたった1つの要望ではなく複数の要望をすると、現場は取捨選択をし始めます。

例えば、現場に5つの要望をした場合、現場は実際に注力する施策と注力しない施策を取捨選択します。1つの施策は全力でやる。2つの施策は少しだけやる。残った2つの施策は「やったふり」をするのです。

私もリクルートの営業担当時代に同様のこと、つまり取捨選択をしていました。しかし、この状態を上司や管理組織に報告することはありません。本当のことを報告すると怒られるのではないかと危惧《きぐ》するからです。実際、バカ正直に話して怒られた経験もあります。そうして、黙って現場の独自判断で施策の実施を取捨選択してしまうのです。

これの何が問題なのでしょうか?

それは、**現場が実際にやった施策、やらなかった施策が混在することです。これが大きな問題なのです。**

例えば、結果がうまくいった場合を考えてみます。現場が全力でやったからうまくいったケース、全力でやらなかったけれどうまくいったケース、この両方のケースが混在するため、検証もできませんし、そもそも施策の評価もできません。

逆にうまくいかなかった場合も同様です。

こうした事態を防ぐためにも、要望することを「絞る」のがお勧めです。**できれば**

「要望は1つ」が理想的です。そうすれば現場は取捨選択できません。結果、きちんと結果と施策の振り返りができるようになります。

施策を1つに絞るために必要な「勇気」

要望を1つに絞らなくてはならないとわかっていても、超えなければいけない別の壁があります。それは**「勇気」の壁**です。施策を1つに絞った場合、「失敗したらどうしよう」という恐れが生まれるのです。

施策を1つに絞ると、失敗した場合に備えて、別の施策を準備したいという意識が生まれます。そして2つ目を加えた瞬間に、リスクヘッジのために3つ目が加えられていき、現場に要望することが増え、結果として振り返りも判断もできない事態に陥ります。

これを解決するには、施策を検討し、実行し、振り返るまでのサイクルを測定することから始めることをお勧めします。

例えば、私が以前担当した組織は、年に2回しか施策の振り返りができませんでした。つまり、年に2回しか施策を実行できなかったのです。そうだとすると、リスクヘッジして複数施策をしたくなる気持ちは理解できます。

年に2回しか施策を振り返っていない組織とは、かなりダメなように思うかもしれません。しかし、そもそも自組織の振り返りの回数やサイクルにかかる時間を知らない組織が大半です。

ところが、この振り返りサイクルの測定をすると、不思議なことに、サイクル自体を短くしたいというモチベーションが生まれて、短くなっていくのです。

いわゆる「見える化」の効果です。

実際、前述した年に2回しか振り返られなかった私が担当した組織も、数年後には年に数十回振り返ることができる組織に変わりました。こうなると、怖いものはありません。たとえ施策を1つに絞ったとしても、短期間の実験、検証ができるからです。

さて、これまで7つの「見直す」対象について説明をしてきました。

①コミュニケーションの方法
②週報などメンバーの報告の方法

③どのメンバーをフォローするのかの決め方
④チーム会議の運営の方法
⑤重要会議の方法
⑥重要タスクの管理の方法
⑦数値管理の方法

それぞれ単独でも十分に効果があります。
ぜひ取り入れやすいものから1つずつ見直していきましょう。

第6章

プレイングマネジャーを組織が「支援」する

社員全員でプレイングマネジャーを支援するために

第3章で「やめる」こと、第4章で「絞る」こと、そして第5章で「見直す」ことについて説明してきました。それぞれ効果は大きいです。

しかし、これを実際に実行できなければ、絵に描いた餅《もち》になります。

私がかつて29年間いたリクルートの場合、現場管理職に権限移譲されている部分が多く、新しい試みであっても各自の判断で実行する人が数多くいました。したがって、ここで紹介した大半のことは、現場のプレイングマネジャーの判断でできました。

しかし、必ずしもそのような会社だけではありません。

現場のプレイングマネジャーだけの判断では実行できない組織も多いことでしょう。

そのような組織では、経営者、プレイングマネジャーの上司、人事など管理部門の全員が協力して、プレイングマネジャーの状況を改善できるように「支援」する必要があります。

この章では、それぞれの第3章〜第5章で触れた内容について、次の4つの観点からまとめておきます。

①メリット＝プレイングマネジャーを定量的、あるいは6つの圧力から助ける
②反作用＝何かを変える（やめる・絞る・見直す）ことで起きる反作用は何か
③予防策＝反作用を最小化、あるいはプラスにする方法
④実行者＝施策や予防策は誰がやるとよいか

これらの検討は、社員全員でプレイングマネジャーを「支援」する際の参考になると思います。

「やめる」ことで起きる反発への対処法

それでは、「やめる」から順に見ていきたいと思います。
本書で今後は「やめる」べきであるとお伝えしたのは、次の3つです。

◎定期的な1on1を「やめる」
◎手間がかかる目標管理を「やめる」
◎会議で「やめる」7つのこと（①必ず腹落ち、②必ず資料やデータ、③次回に持ち越し、④思いつきで意見を求める、⑤資料の説明、⑥問題解決、⑦必ずリアル会議）

――「やめる」ことのメリット

定期的な1on1を「やめる」と、週当たり30分×メンバー数、例えば5人であれば2時間半。1か月で10時間浮きます。

手間がかかる目標管理を「やめる」と期初、期末の査定会議や書類を作成するための時間が削減できます。

目標管理は企業によってかなり差があります。ある会社では、目標設定会議を何度もやって「腹落ち」させることが通例になっていて。幹部が年3回から4回集まって会議を実施していました。この会議を1回に減らすだけでも、準備含めて10時間単位の時間削減が見込まれます。

会議でやめる7つは、組織風土や「当たり前」にひもづいているケースが多いです。ただ、これらを実際に「やめる」と、①②により会議の準備が減り、①②③により会議の回数が減り、④⑤で会議の時間が減り、⑥で会議のアジェンダが減り、⑦により移動時間や参加者を減らすこともできます。

これらによって、現在実施している会議の時間や参加数を半分程度にできます。

――「やめる」ことの反作用

定期的な1on1をやめると、メンバーの状況をタイムリーに把握できなくなる可能性があります。手間をかけていた「目標管理」をシンプルにしたことで、「目標管理」への意識が低くなることを危惧する人がいるかもしれません。会議でやめる7つは風土改革なので、抵抗勢力の説得に時間と手間がかかります。

――「やめる」ことの反作用への予防策

定期的な1on1は、「見直す」で紹介した週報「G-POP®シート」とチーム会の運用方法である「GC（グループコーチング）」で代替可能です。

プレイングマネジャー側の観点から考えると、GCは1時間当たり4人でできますので、1on1が4人で2時間かかるのと比較すると、かかる時間的コストは半分です。

加えて、4人の相互のコーチングが期待できるので、6つの圧力のうちの「メンバーマネジメントの高度化」「時間厳守」「新業務への対応」といった圧力を弱める効果も期待できます。

目標管理についていては、人事とひもづいている場合は少し面倒ですが、評価部分は、同じくGCの結果（Onの○の数と内容）で毎週評価できます。毎週評価することで、「目標管理」への意識は逆に向上が期待できます。また、正しいゴール設定をしていて、毎週自ら動いて全○の結果を出しているとなれば、そのメンバーには高い評価を付与できます。

会議でやめる7つのことは、実際にやってみると想像以上に簡単で効果が出るのでお勧めです。

問題は反対する理由です。

変化に対してほとんどの人は保守的であり、「なんとなく嫌だ」という気持ちがあります。であれば、数回トライアルでやってみようと働きかけてください。ちなみに私のいたリクルートでは、最も反対している人の業務（ミッション）にすることで、理解を深めて、自ら推進役になってもらっていました。

「やめる」ことの実行者は誰か

定期的な1on1が会社の制度に組み込まれている場合は、経営者や人事の主導が必要です。とくに制度になっていないのであれば、GCのほうが一般的な1on1よりもメリットが多いですし、情報としては十分、またはそれ以上に入手できるので、プレイングマネジャー主導で実施可能です。

目標管理も同様です。やり方が経営企画や本部がきっちり作っているケースは、経営者やその組織主導で。そうでなければ、現場でも可能です。

ちなみにリクルート時代、全社の管理会計再構築のプロジェクトマネジャーを担当したことがありました。その際に、大別すると2つの方法があることを知りました。

1つは、現場の行動すべてをシステムに入力し、経営から現場まで同じデータを見られるようにする仕組み。

もう1つは、現場の活動がそれぞれの現場に任されているケースです。現場に任す代わり、経営が必要な情報だけ、現場が入力する仕組みです。

目標管理は管理会計の1つの道具なので、みなさんの会社がどちらに近いかで、現場でできるかどうかはかなり幅があります。前者のような仕組みであれば、経営者や本部主導でないと変えることはできません。後者であれば現場でできる可能性があります。

会議の7つは、現場でできることが多いので、ぜひプレイングマネジャー主導で実行してみてください。ただ、より広範囲で実行したほうが効果は大きいので、周囲の支援もお勧めです。

「絞る」ことで起きる反発への対処法

「絞る」において、やるべきことは次のことです。

【やる「コト」を絞る】

◎上部組織のミッション・戦略に関係ある「コト」に「絞る」

◎制約条件（ボトルネック）に関係ある「コト」に「絞る」

【フォローする「ヒト」を絞る】

◎「コーチ」「指示」が必要な「ヒト」に絞る

「絞る」ことのメリット

やる「コト」を絞れると、文字通りタスクが減ります。また「上部組織のミッション～」をするとタスクが減るうえに、上司からの無理な要望への理解も深まるので、ボスマネジメントがうまくいく可能性も高まりますね。

フォローする「ヒト」が絞れると、やる「コト」も絞れているので、(浮いた時間で学ぶこともできて)「メンバーへの対応高度化圧力」も「本人のマネジメント力不足の圧力」も低減できます。もちろん時間を浮かすことも可能です。

「絞る」ことの反作用

「コト」を絞ると、「他をやらなくてよいのか……?」と不安になることがあります。同じく「ヒト」を絞ると「他のメンバーは大丈夫か?」あるいは「不公平に思われないか?」と弱気になるかもしれません。

「絞る」ことの反作用への予防策

両方とも、メンバーや関係者に「なぜ、〝絞る〟戦略でいくのか」を説明しておけば、ほとんど問題は起きないでしょう。プレイングマネジャー自身の気持ちも、しばらくすると慣れてきて、問題はなくなると思います。

「絞る」ことの実行者は誰か

「絞る」はプレイングマネジャー自身で実行できます。

ただし、環境によってはそれができない人もいるでしょう。そのようなプレイングマネジャーは、ぜひうまくいっている事例などを紹介しながら、上司や人事を巻き込んでいってください。ティッピングポイント（閾値《しきいち》）を超えるまで手間がかかりますが、それ以降はやっていることが当たり前になるので、自然と拡がっていきます。ティッピングポイントを超えるまで関係者が伴走するのがポイントです。

「見直す」ことで起きる反発への対処法

「見直す」については、次の7つのポイントがありました。

①リアル至上主義のコミュニケーションを「見直す」
②週報をメンバーが自律自転するG-POP®フォーマットに「見直す」
③フォローするメンバーを「見直す」
④チーム会をグループコーチングで安心安全の場を作れるように「見直す」
⑤重要会議に事前審議を導入し「見直す」
⑥重要タスク管理は制約条件理論（納期ではなくバッファー管理）で「見直す」
⑦数値管理はＫＰＩの４兄弟をマネジメントする形に「見直す」

――「見直す」ことのメリット

これらはすべて、プレイングマネジャーの時間を生み出すのに寄与し、チームの生産性を高めます。

①会議に限らずリアル至上主義をやめることで移動時間を削減できる
②メンバーが自律自転すればフォロー時間を削減できる
③フォローが不要なメンバーへの対応時間を削減できる
④成功循環モデルが回り出すので、生産性が高まる
⑤重要会議の生産性が高まる
⑥プロジェクトの管理工数が低減できて生産性が高まる
⑦ＫＰＩマネジメントにより生産性が飛躍的に高まる

――「見直す」ことの反作用

人は基本的に保守的です。変わることが好きではありません。これらはすべて今までのやり方を変えるので、その抵抗は少なくありません。会社の風土によりますが、抵抗が表面化するケースもあれば、そうでないケースもあります。

――「見直す」ことの反作用への予防策

「介入」という意識を持って、現場とコミュニケーションするとよいでしょう。

「介入」はお節介という意味です。「見直す」のがいかに有効な手段だとしても、現場が今やっていることに変化を求めるのは、現場の視点から考えると、どんなによいアドバイスだったとしても、すべてが「お節介」だと思われると考えた方が無難です。

これをわかったうえで、コミュニケーションするとうまくいくでしょう。

「見直す」の実行者は誰か

これは「絞る」と同じです。プレイングマネジャー自身で実行できます。

ただ、こちらも同様にそうはいかない人もいるでしょう。そのようなプレイングマネジャーは、ぜひうまくいっている事例などを紹介しながら、上司や人事を巻き込んでいってください。

ティッピングポイント（閾値）を超えるまで手間がかかりますが、それ以降はやっていることが当たり前になるので、自然と広がっていきます。「絞る」と同様、ティッピングポイントを超えるまで、関係者が伴走するのがポイントとなります。

おわりに

今回の本は、いつもと違う成り立ちでできあがりました。

いつもは私が1人で考えて、数名の仲間にチェックしてもらって書くことが多いのですが、今回は100名を超える人たちが協力してくれました。それも今まで仕事をしたことがない人たちです。

今回の仕事の進め方は、私だけでなく、みなさんにとっても今後の新しいプロジェクトマネジメントのひな型になるのではないかと思います。このプロジェクトの進め方を最後の話にしたいと思います。もう少しだけお付き合いください。

きっかけは、ある企業の社長から「マネジャーの現場が大変なので、タイムマネジメントについて教えてもらう機会が欲しい」と連絡をもらったことでした。社長は私と一緒に仕事をしていて、私のタイムマネジメントが上手だと思ってくれたようでした。

そこで、自己流のタイムマネジメントのノウハウだけでは偏りが生まれるので、フェイスブックを通して参考になる本を知人から紹介してもらいました。読んでみると、よい本がたくさんあります。これらを紹介すれば、今回の要望は解決するだろうと思いました。

後日、数人のマネジャーに話を聞いてみると、そもそもプレイング業務の量が増えて、かつ困難さが高まっていて、とても大変な状況にあることを悩んでいました。

そして異口同音にこう言うのです。

「より効率的なタイムマネジメントは習得したいけど、
それだけで今の状況が解決するとは思えない」

その言葉を聞いた私の感想は、「いやいや、私たちもかつて中間管理職のころは大変だったし、そういうものだよ」「大変なのは、単にスキルの差だろう」でした。

しかし、よくよく話を聞くと、根が深そうなことがわかってきました。

「課題の捉え方を間違えたかもしれない」と、気づいたのです。

そこで、まずデスクリサーチ（事前の情報収集）をしてみました。

すると、私の想像とは異なるマネジャー像が見えてきました。

「とてもじゃないが、これは私1人の手には負えない」と思い、2024年3月10日に以下の内容をフェイスブックに投稿しました。


【ご意見頂けると嬉《うれ》しいです】

組織としてプレイングマネジャーを支援する方法を整理、提供するニーズがあるのではないかと思っています。

色々なデータを読むと、マネジャーの9割前後がプレイングマネジャーだそうです。

少し昔のリクルートワークス研究所の調査では、プレイングが無いマネジャーよりも、あるマネジャーの組織成果が高く、でもプレイングの割合が3割を超えると組織業績が下がるという調査がありました。他の調査でも部長の9割以上がプレイングマネジャーで、総務に絞った少数の調査でも9割がプレイングマネジャーだとあります。

しかもＤＸ、コンプラ、ＳＤＧｓ、ＤＥＩ、メンタルヘルス、個人情報など、かつてよりもマネジメントしなければいけないトピックスも増えています。これをマネジャー本人の努力だけで解決しろというのは酷ではないかと思っています。

孤軍奮闘しているマネジャーを組織（マネジャーの上司や人事など）として支援する方法を整理、提供できると良いのではと思っています。

漠然と単純に研修をしても解決しないのかなと想像しています。

日々のマネジャーの業務を見える化し、必要なタイミングで必要な内容を支援することが必要ではないかと考えています。

マネジャーの業務や状況を見える化する有効な方法ってご存じですか？

それらを解決するための有効な方法ってご存じでしょうか？

一緒に考えても良いよという方もいたら嬉しいです。

あるいは、仮説の置き方が違うのではないか？　というご意見も歓迎です。

コメントでもメッセージでも良いのでリアクション下さい。

よろしくお願いします。

これに対して数百の「いいね」が付き、100以上のコメントが並びました。いつもの10倍から20倍のリアクションです。

そこで「メッセンジャー上で議論しませんか？」と投げかけたところ、2日後の3月12日には40名超が、最終的には100名を超える方々が、メッセンジャーで対話に参加してくれました。

そこで、ふたたび以下のようなメッセージを書き込みました。

【お礼】

3月10日に私がFBにPostした投稿に多くの方々が返信くださいました。まず、この事実に感謝です。ありがとうございました。

そして、既に多くの示唆に富んだご意見を頂いています。

重ねて、ありがとうございます。

取り急ぎ、メッセンジャーグループを立ち上げました。

どのように進めるのか、私自身も分かりません。

せっかくなので、記録に残すことも兼ねて、進め方のたたき台を作りました。

プロジェクトの進め方

私は、ヤングのアイデアの作り方などを参考に、次のようなステップでプロジェクトを進めることが多いです。
①現状把握：(インプット)→②会社：収束(仮説立案し、決め)→③試行・修正(どこかの組織でトライアル)→④展開

タスクとしては❶情報源を見つける→❷仮説のたたきを作る→❸仮説を決める→❹どこかの組織で試行錯誤→❺拡大

※❶〜❺＋他の興味のある所に・参加・貢献下さい

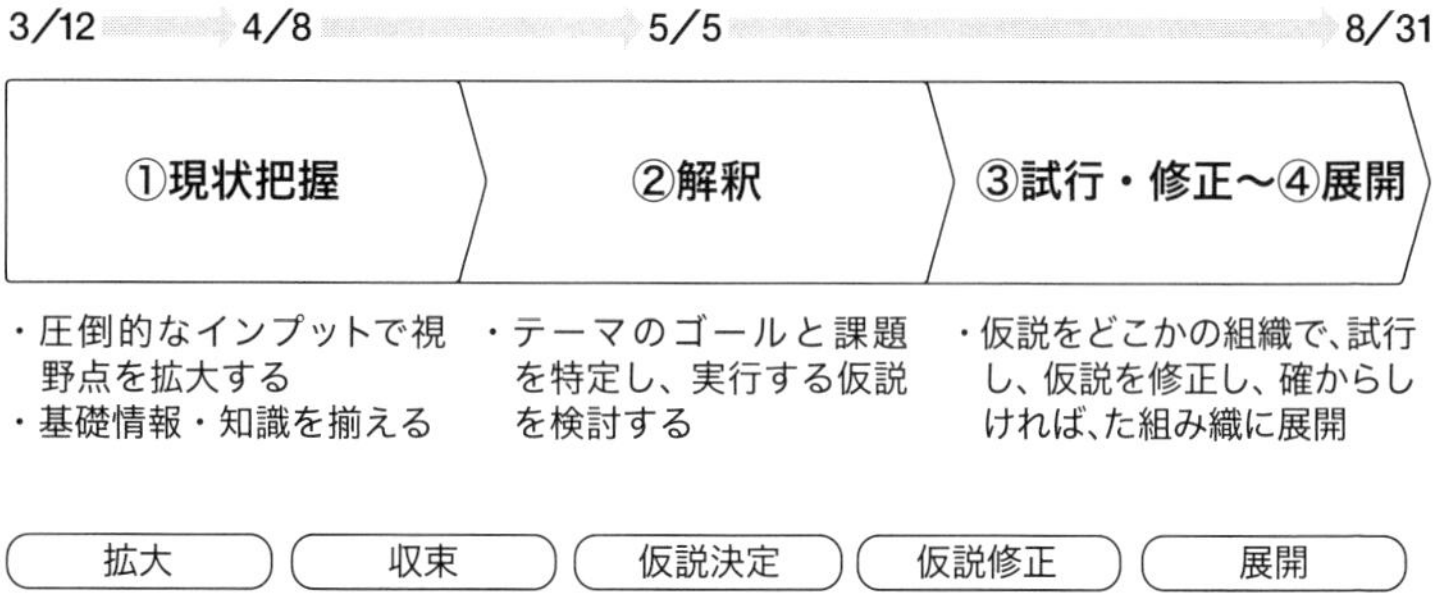

3/12
4/8
5/5
8/31
①現状把握
②解釈
③試行・修正〜④展開
・圧倒的なインプットで視野点を拡大する
・基礎情報・知識を揃える
・テーマのゴールと課題を特定し、実行する仮説を検討する
・仮説をどこかの組織で、試行し、仮説を修正し、確からしければ、た組み織に展開
拡大
収束
仮説決定
仮説修正
展開

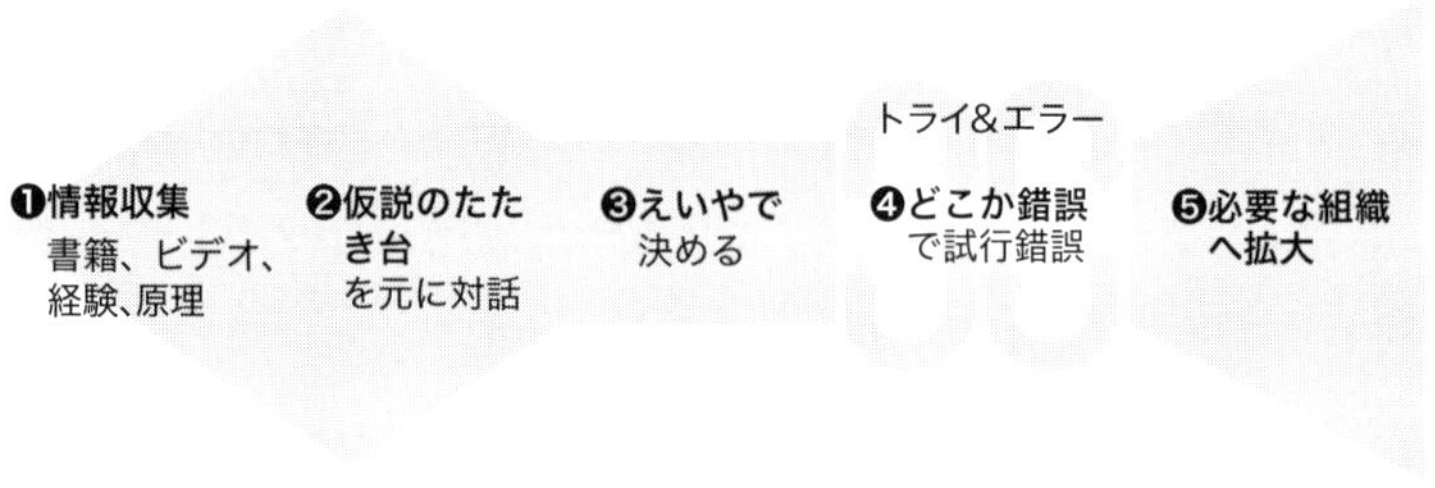

トライ&エラー
❶情報収集
書籍、ビデオ、経験、原理
❷仮説のたたき台
を元に対話
❸えいやで
決める
❹どこか錯誤
で試行錯誤
❺必要な組織
へ拡大

みなさんと一緒に、楽しいプロジェクトにしていければ良いと思っています。最終的にまとまるのかどうか分かりませんが、もしまとまった場合、ここに参加したみなさんの共有財産とできればと考えています。

ですので、例えば自社やビジネスで利用頂いてもOKではないかと考えています。いつできるのか？　本当に何か生み出されるのか？　分かりませんが、友人の皆さんと一緒に考える機会が生まれたことに、感謝しています。これからよろしくお願いします。

そして、右の図のようなプロジェクトの進め方を提示しました。

時間をかけても仕方がないので、3か月くらいで何らかのアウトプットが出ることを試行しました。また、コミュニケーションは、この本で紹介したようにチャットベースのコミュニケーションを基本にしました。具体的には今回はフェイスブックのメッセンジャーでした。

「①現状把握」では、参考になる記事や本を紹介してもらい、それを分業して読み、それぞれのメソッドのポイントを共有することにしました。

加えて、私が定期的にまとめて、進捗《しんちょく》を共有をしながら、コメントを募りました。まとめた資料はパワポに加えて、私が説明したものを録画し、そのビデオを共有しました。また、これらの書籍の著者の方や、問題意識を持っている方にお声がけして勉強会を開きました。

以下がその一例です。

◎EVeM社　急成長を導くマネージャーの型

社長の長村さんがオンラインで勉強会を開催。マネジャーにとって重要な4つの基準（執行、活用、伸長、連携）と60の型、そして型を引き出す技術を議論。

◎PIMBOK7 勉強会

大手メーカーでPIMBOKのプロフェッショナルに講演と対話会をしてもらいました（とうとうプロジェクトマネジメントにも人の問題が重要だという話になってきている証しです）。

◎codeTakt 勉強会

AIを活用して、週報のテキストからフォローの優先順位をつける可能性について、社長の後藤さんに開発途中のプロトタイプと、その可能性について話してもらいました。

仮説ができた後は、その仮説を検証するためにアンケートを実施しました。アンケートには100名超の方々が協力してくださり、その結果、「プレイングマネジャーを苦しませる6つの圧力」の強弱を把握することができました。

そして最後に、この本を作るに当たり、以下21名の方々が事前に原稿を読んでくださり、よりわかりやすくするためにアドバイスをくださいました。

ありがとうございました。

市原達大さん（サークルズ株式会社代表取締役）
上原静香さん（会社員）
氏家おりえさん（人材系企業）
大崎功一さん（個人事業主）
尾原和啓さん（ライター）

梶並珠美さん（フリーランス）
桐元久佳さん（日新税理士事務所代表）
酒匂光晴さん（カエテク株式会社代表取締役）
重村聡さん（人と組織の仕組み研究所代表）
白坂ゆきさん（株式会社 CaSy 取締役）
鈴木利和さん（合資会社ベルノート無限責任社員）
千種浩二郎さん（株式会社キッチハイク　シニアディレクター）
辻井宏和さん（中小企業の情報システム課　課長）
中川純子さん（獣医師）
西美津江さん（株式会社ジェムス取締役）
西尾夏樹さん（ユームテクノロジージャパン株式会社ビジネスオーナー）
肱岡優美子さん（ＩＴ企業　人事）
平谷愛さん（フリーランス）
本間正人さん（学習学提唱者）
松島稔さん（Unipos 株式会社代表取締役副社長）

松本陽美さん（会社員）

山邉まり子さん（金融系企業　広報室長）

この本は、２０２４年3月から8月にかけて１００名超の方がチャットでコミュニケーションを重ねて、何度か動画チャットをしながら完成しました。リアルでは誰とも会っていません。

しかも大半の方々は、今まで一緒に仕事をしたことがない方々です。

そのような方々とでも上手にコミュニケーションができて、１つのアイデアがまとまるのです。新しいプロジェクトの進め方の一例ではないかと思います。

こうして完成したこの本が、プレイングマネジャーを無理ゲーから助け出す一助になれば、とても嬉しいです。

２０２４年12月

中尾隆一郎

【著者プロフィール】
中尾隆一郎（なかお・りゅういちろう）
株式会社中尾マネジメント研究所（NMI）代表取締役社長
株式会社 LIFULL 取締役。LiNKX 株式会社取締役。
1964 年生まれ。大阪府摂津市出身。1989 年大阪大学大学院工学研究科修士課程修了。同年、株式会社リクルート入社。2018 年まで 29 年間同社勤務。2019 年 NMI 設立。NMI の業務内容は、①業績向上コンサルティング、②経営者塾(中尾塾)、③経営者メンター、④講演・ワークショップ、⑤書籍執筆・出版。専門は、事業執行、事業開発、マーケティング、人材採用、組織創り、KPI マネジメント、経営者育成、リーダー育成、OJT マネジメント、G-POP マネジメント、管理会計など。
著書に『最高の結果を出す KPI マネジメント』『最高の結果を出す KPI 実践ノート』『自分で考えて動く社員が育つ OJT マネジメント』『最高の成果を生み出すビジネススキル・プリンシプル』（フォレスト出版）、『「数字で考える」は武器になる』『1000 人のエリートを育てた爆伸びマネジメント』（かんき出版）など多数。Business Insider Japan で「自律思考を鍛える」を連載中。
リクルート時代での 29 年間（1989 年～ 2018 年）では、主に住宅、テクノロジー、人材、ダイバーシティ、研究領域に従事。リクルートテクノロジーズ代表取締役社長、リクルート住まいカンパニー執行役員、リクルートワークス研究所副所長などを歴任。住宅領域の新規事業であるスーモカウンター推進室室長時代に、6 年間で売上を 30 倍、店舗数 12 倍、従業員数を 5 倍にした立役者。リクルートテクノロジーズ社長時代は、リクルートが掲げた「IT で勝つ」を、優秀な IT 人材の大量採用、早期活躍、低離職により実現。約 11 年間、リクルートグループの社内勉強会において「KPI」「数字の読み方」の講師を担当、人気講座となる。

成果を上げるプレイングマネジャーは
「これ」をやらない

2025 年 1 月 5 日　　初版発行

著　者　中尾隆一郎
発行者　太田　宏
発行所　フォレスト出版株式会社
〒 162-0824 東京都新宿区揚場町 2-18　白宝ビル 7F
電話　03 - 5229 - 5750（営業）
03 - 5229 - 5757（編集）
URL　http://www.forestpub.co.jp

印刷・製本　萩原印刷株式会社

ISBN978-4-86680-306-7　Printed in Japan